✦

죽음 앞에서도 빛나는

_____ 님의

소중한 삶을 위하여

법의학자
유성호의 ——— 유언 노트

유성호
지　음

후회 없는 삶을 위한 지침서

법의학자
유성호의 ─── 유언 노트

21세기북스

법의학자는 죽음과 만나는 직업이다.
나는 지금까지 수많은 죽음을 기록해왔다.

누구나 피하고 싶은 죽음과 정면으로 맞서다 보니
삶과 죽음에 대해 더 깊이 생각하게 된다.

오랫동안 죽음을 떠올리고 공부하다 보면 깨닫는다.

죽음을 가까이 할수록

오히려 삶이 더 선명하게 보인다는 것을.

우리는 모두 언젠가
죽음을 맞이하게 될 것이다.

그러나 죽음은 우리를 기다려주지 않는다.
죽음을 준비할 시간은 더더욱 주어지지 않는다.

지금 이 순간,
유언을 남긴다면 어떤 말을 할 수 있을까?

감사와 사랑일까,
미안함과 후회일까.

우리에게 내일이 없다면
삶의 마지막 순간을 어떻게 준비해야 할까?

지나온 삶을 되돌아보고,
앞으로 남은 시간은 어떻게 살아야 할지 자문해본다.

이토록 죽음은
그 자체로 삶을 대면하게 만든다.

그것이 내가 죽음을 배우고, 유언을 쓰는 이유다.

누구나 행복한 삶을 위해 수많은 계획을 한다. 이를테면 20대
에는 12개국을 여행하고, 30대에는 사랑하는 사람을 만나 가족
을 일구고, 40대에는 번듯한 아파트를 소유하고, 50대에는 그동
안 미뤘던 꿈을 실현하고, 60대에는 노년의 황금빛 도약을 꿈꾸
는 그러한 삶을 말이다. 이후 노년을 위한 준비는 은퇴자금 이야
기에 국한되어 있다. 그 누구도 죽음을 위한 준비나 계획에 대해
서는 이야기하지 않는다. 오히려 죽음을 터부시하고 낯설고 두
려운 존재로 여긴다.

나는 법의학자로서 수많은 죽음을 목격해왔다. 이런 나로서는 우리 사회가 '죽음'을 어둡고 두려운 대상으로 여기며, 심지어 죽음을 논하는 것 자체를 꺼릴 때마다 아쉬움을 느낀다. 2019년도에 쓴 책『나는 매주 시체를 보러 간다』에서 말한 것처럼, 나는 매주 월요일과 금요일에 부검을 한다. 국립과학수사연구원과 협약을 맺고 서울 지역의 변사에 대한 부검을 실시하고 있기 때문이다. 27년간 해온 부검이라는 과정을 통해 내가 알게 된 것은 죽음이 단지 삶의 끝이 아니라는 깨달음이다. 이 책을 쓰게 된 계기 역시 법의학자로서 경험한 수많은 죽음의 이야기가 나에게 남긴 깊은 울림 때문이다. 그 수많은 죽음 중 한 사례가 지금도 생생하게 떠오른다.

오랜 시간 고시 공부에 매진하다 스스로 생을 마감한 한 청년이 있었다. 청년의 가족에게 부검 결과를 전했을 때, 가족들은 그의 죽음을 쉽사리 받아들이지 못했다. 도무지 '자살'이라는 사실이 믿기지 않아 부검을 요청한 가족이었다. 끝내 객관적인 부검 사실 앞에서 유가족들은 절망했다. 청년이 죽음을 선택한 까닭이 자신들의 탓은 아니었는지 자책했고 슬퍼했다. 그때 하나의 단어로는 뭐라 말할 수 없는 감정이 내게 깊은 울림을 주었다. 한 사람의 인생이 지나간 자리에 이토록 감당하기 어려운 슬품만이 남는다는 사실 때문이었다. 사랑하는 이를 갑작스럽게 떠나보낸 유가족들이 겪는 죄책감과 상실의 고통 앞에서 말로는 형용할 수 없는 커다란 안타까움을 느꼈다.

－◆－

이 일을 오래 하다 보면 급작스러운 죽음에 대해 고민을 많이 하게 된다. 모든 죽음에는 예감이 필요하고 준비가 필요하지 않을까 하는 생각에 자주 도달한다. 죽음을 준비하며 살아간다는 것은 결국 더 충실히 삶을 살아가는 방법이지 않을까? 그러면 남겨진 사람들 역시 이별의 고통이나 상실감에 휘둘리는 대신 사랑과 이해로 삶을 이어갈 수 있지는 않을까?

우리가 죽음을 삶의 자연스러운 과정으로 받아들일 수 있다면 수많은 죽음의 모습이 바뀔 것이라고 상상해본다. 물론 죽음의 슬픔은 한 순간 쉽게 전환될 수 없는 감정이다. 하지만 죽음을 배우고 또 받아들이며 삶 속에서 가까이 둘 수 있다면, 죽음이야말로 우리 삶의 방향성을 가늠하고 되새기게 하는 강렬한 계기라는 사실을 깨닫게 될 것이다. 이를 통해 우리는 죽음이라는 피할 수 없는 자연의 법칙을 두려워하거나 부정하는 대신, 삶의 의미를 새롭게 발견하고 자신과 타인에게 더 깊은 애정과 책임감을 가질 수 있다.

이 책을 통해 되돌아보고 싶은 것도 결국 '인생'이다. 누구나 언젠가 반드시 맞이할 '죽음'에 대해서 배우고 준비하는 일련의 과정을 통해 각자에게 주어진 인생의 의미를 발견할 수 있기를 바랐기 때문이다. 그래서 이 책은 총 3개의 파트로 나뉘어 있고, 꼭 나누고 싶은 3가지 의미를 담고 있다. 나에게 그랬듯이 이 책을 읽는 분들에게도 삶과 죽음을 바라보는 관점이 깊어지고 넓어질 기회가 되기를 바라는 마음으로 원고를 써 내려갔다.

첫째, 죽음을 배우는 과정은 삶의 유한함을 깨닫는 과정이다. 유한한 시간을 인식할 때, 우리는 매 순간을 귀하게 여길 수 있고, 선택과 행동에 신중해질 수 있다. 모든 것이 영원하지 않기 때문에 삶의 순간은 고유하고 특별하다. 죽음을 의식하면 삶에 더 겸손해지고, 내가 가진 것에 감사하게 된다. 유한한 생 앞에서 더 열심히 사랑하고, 더 깊이 이해하며, 더 온전히 살아가려는 의지를 갖게 되는 것이다.

우리가 일상에서 흔히 간과하는 것들, 예컨대 사랑하는 사람과의 대화, 자연이 주는 아름다움, 단순한 일상의 기쁨 등을 새롭게 조명하게 만든다. 그리고 이 과정에서 삶에서 중요한 것은 진정 무엇인지 삶의 우선순위를 재정립할 수 있도록 돕는다.

둘째, 후회 없는 삶을 위해 준비하는 과정은 우리가 죽음에 대한 두려움과 회피를 극복하게 돕는다. 죽음이 자연스러운 삶의 과정임을 이해하게 된다면, 불안보다는 평온을 느낄 수 있다. 또한 타인의 죽음을 이해함으로써 사랑과 연대의 가치를 발견하고, 사랑하는 이를 떠나보낸 이들에게 공감과 위로를 건넬 수 있게 한다.

셋째, 삶을 기록하는 과정은 자신이 살았던 삶의 흔적을 남기고, 다음 세대에게 삶과 죽음의 가치를 전하는 행위이다. 이를 통해 우리는 타인과 지속적으로 연결되며, 세상을 떠난 뒤에도 영향을 미칠 수 있다. 이는 삶의 마지막 준비를 도우며, 죽음을 준비하는 일이 나 자신과 주변 사람들에게 평안을 주는 과정임을 알려준다. 장례, 연명의료, 유산 등 죽음 이후에 발생할 수 있는 문제들을 미리 정리하고 준비한다면, 남겨진 사람들에게 부담을 덜어줄 수 있다. 이는 자신의 죽음을 존엄하게 받아들이는 행위이면서 남겨진 이들을 위한 사랑의 표현이기도 하다.

나는 1년 6개월 전, 사랑하는 어머니를 떠나보냈다. 그 이별은 감당하기 어려운 깊은 슬픔을 안겨주었지만, 애도의 시간을 지나며 어머니의 삶이 내게 남긴 크나큰 용기를 배울 수 있었다.

무엇보다 어머니와 함께한 시간 속에서 진정한 사랑과 이해의 의미를 깨닫게 되었다. 그때 비로소 죽음이 끝이 아니라, 삶이 남긴 흔적을 통해 계속 이어지는 여정임을 깊이 실감할 수 있었다.

이 책은 삶과 죽음에 대한 무거운 고민이 짓누를 때, 인생의 마지막을 어떻게 준비해야 할지 막막할 때, 사랑하는 이를 잃고 슬픔 속에서 길을 헤맬 때, 그리고 삶의 목적이 흐려졌다고 느낄 때, 독자 여러분께 따뜻한 위로와 방향을 건네고자 하는 마음에서 시작되었다.

죽음을 막연한 두려움의 대상으로만 여겼다면, 이 책을 통해 삶의 자연스러운 일부로 받아들이기를 바란다. 또한, 삶과 죽음을 성찰하는 과정에서 삶의 목표와 방향성을 다시금 정립할 수 있는 계기가 되기를 희망한다. 마지막으로 죽음을 배움의 기회로 삼아 현재를 더욱 충만하게 살아갈 동기를 얻었으면 한다. 우리는 죽음을 상상할 수 있기에, 더 나은 삶을 선택할 수 있다.

2025년 4월

유성호

차례

첫 번째 노트 — 죽음을 배우는 시간

두 번째 노트 — 후회 없는 삶을 위한 준비

세 번째 노트 — 삶을 기록하는 작업

첫 번째 노트 ————————————————————

──────────────── 죽음을 배우는 시간

자기 삶을 잘 사는 일이
곧 자기 죽음을 잘 맞이하는 길이다.

_장자

섭리

우리는 / 모두 죽는다

죽음은 예고 없이 찾아온다. 죽음은 우리에게 준비할 시간을 주지 않는다. 생의 마지막 순간, 제대로 된 작별 인사를 할 수 있는 이가 몇이나 될까. 생명의 탄생은 예측할 수 있고 손꼽아 기다릴 수 있지만 생의 마지막은 확신할 수 없으며 때때로 두려운 존재로 다가온다.

어느 날 사랑하는 이가 갑자기 의식을 잃어버리게 되었다. 늘 즐겁게 이야기하고 맛있는 음식을 먹으며 함께 시간을 보낸 사람이었다. 그는 점점 말수가 적어졌고, 스스로 움직이지 못하게 되었다. 더 이상 삶을 지속할 수 없게 되어버린 것이다. 그는 지금 여기에 존재하지 않는다. 왜 그는 세상을 떠나게 된 것일까? 도대체 왜 그랬을까?

'인간은 왜 죽는가', 인류가 오랫동안 가져온 질문 중 하나이다. 이를 과학자에게 묻는다면, 그는 안경을 슬쩍 콧등 위로 치켜 올리면서 이렇게 대답할 것이다.

"인간은 정자와 난자가 만나 하나의 세포에서 시작됩니다. 하나의 세포는 점점 분열하게 되고, 무려 수십조 개가 넘는 세포로 이루어진 인간으로 성장하게 되지요. 물론 세포가 분열할 때마다 DNA 정보를 가지고 있는 염색체도 같이 분열하게 됩니다. 그런데 이 분열을 위해 복제되는 염색체 끝부분에는 텔로미어Telomere라는 것이 있습니다. 텔로미어는 염색체의 끝부분에 위치한 특별한 구조로 세포의 수명과 노화에 중요한 역할을 하지요. 포유류의 텔로미어 반복 서열은 TTAGGG인데, 분열하면 할수록 텔로미어의 반복 서열은 점점 짧아지고 시간이 지나면 텔로미어가 완전히 사라집니다. 이때 복제 한계 횟수를 헤이플릭 한계Hayflick Limit라고 하죠. 인간의 경우, 약 50~70번 정도 세포가 분열하면 헤이플릭 한계에 이르게 됩니다. 즉 세포가 분열하다가 텔로미어가 극도로 짧아지거나 사라지면, 분열이 더 이상 되지 않아요. 세포의 기능이 상실되면서 사멸하게 됩니다. 영원히 분열할 수 있는 것은 암세포밖에 없어요. 인간의 세포는 그 수명이 정해져 있습니다. 이게 바로 노화와 죽음에 대한 과학적 대답입니다. 인간은 처음부터 그렇게 설계되었어요."

과학자는 길게 대답을 한 후, 질문자의 얼굴을 본다. 질문자는 아직 어리벙벙한 표정이다. 그의 의아함을 덜어내기 위해 몇 마디 보탠다.

"아, 텔로머레이스Telomerase라는 효소가 텔로미어를 추가해 줄 수 있어요. 정자와 난자를 포함한 줄기세포에는 이 효소가 있어 텔로미어 길이가 줄어들지 않습니다. 아쉽게도 우리 몸을 이루는 체세포는 텔로머레이스가 없어요. 그런데 랍스터는 텔로머레이스를 갖고 있답니다. 이론상으로 랍스터는 영생할 수 있는 생명체인 것이죠. 놀랍지 않습니까? 인간 불멸의 핵심에 랍스터가 있다는 사실이 말이죠." 과학자는 이렇게 대답한 뒤 흐뭇한 미소를 지으며 또다시 덧붙인다.

"최신 연구 성과도 말씀 드리겠습니다. 지난 수십 년 사이에 세포 성장에 관여하는 단백질mammalian Target of Rapamycin, 즉 'mTOR' 효소 연구가 진행되었는데 이 효소가 노화와 관련 있습니다. 이 mTOR을 억제하는 라파마이신Rapamycin을 투여했더

니 예쁜꼬마선충, 초파리, 그리고 일부 포유류에서 수명 연장 효과가 있었어요. 놀랍지 않습니까? 또 IGF-1^{Insulin-like Growth Factor-1}, 우리말로는 '인슐린 유사 성장인자-1'이라는 호르몬 역시 IGF-1/AKT 경로를 통해 mTOR 경로와 상호작용하면서 노화와 관계가 있다는 것을 확인했습니다. 이 경로와 관련된 노화 방지 연구도 진행되고 있지요. 아! 혹시 시르투인^{Sirtuin}이라고 아시나요? 이 또한 노화를 예방하는 중요한 단백질입니다." 과학자는 아직 더 할 말이 남아 있어 보인다.

—✧—

현대사회에서 과학은 노화와 죽음을 거스르기 위한 방향으로 부단히 발전하고 있다. 의학기술과 신약 개발이 시간을 역행하는 데 중요한 역할을 하는 것처럼 보이지만, 실제 텔로미어가 인간 수명의 결정적인 역할을 하는지에 대해서는 불투명하다. 항산화제, 항노화제, 생물 복제 등 현재까지의 의학적·과학적 성과가 노화를 막고 죽음을 미루는지 또한 명확하지 않다. 즉 '인간이 영원히 살 수 있으리라'는 기대는 현대 과학과 맞물리면서 높아졌지만 아직까지는 실현 가능성이 거의 없다는 것이다.

한 가지 분명한 것은 인간의 노력에도 불구하고, 노화와 죽음은 아무도 피할 수 없는 자연의 섭리라는 사실이다. 이 세계를 하나의 시스템이라고 본다면 생명체는 시간이 지날수록 무질서한 상태로 변한다. 그 때문에 엔트로피 법칙에 의해 붕괴가 일어나는 것은 자연의 근본적 법칙이다. 그럼에도 왜 우리는 노화와 죽음을 있는 그대로 받아들이지 못하는 것일까. 혹은 받아들여야 한다는 사실을 알고 있음에도 가능한 한 늦게 마주하기 위해 그토록 갖은 노력을 하는 것일까. 왜 우리는 노화와 죽음을 피하려고 하는 것일까. 우리는 노화와 죽음에 대해 무엇을 준비할 수 있을까.

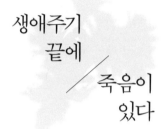

생애주기
끝에
죽음이
있다

우리의 생체 시계는 지금, 이 순간에도 빠르게 흐르고 있다. 죽는 날까지 매 순간 작동하며 하루하루 노화가 진행된다. 누구나 나이가 들고 언젠가 죽는다. 당신은 현재 어떤 생애주기Life Cycle를 보내고 있는가.

우리나라 정부는 생애주기를 크게 다섯 가지로 구분하며, 해당 생애주기에 맞춘 제도를 운용하고 있다. 먼저 1세 미만의 영아, 1세에서 5세까지의 유아를 합친 영유아기에는 대개 양육지원, 건강 보건, 어린이집·유치원 교육 등의 서비스를 제공한다. 이후 영유아기를 지나 아동·청소년기에는 초등학교, 중학교, 고등학교 학생을 비롯한 10대 중후반을 위한 지원들이 이루어진다.

청년기는 19세에서 34세까지를 대상으로 한다. 이 시기부터 정부는 일자리, 혼인과 출산, 주거지 마련 같은 이슈를 주요한 생애 과제로 보고 해당 정책을 서비스한다. 35세부터 64세까지는 중장년층이라 부르며, 출산이나 혼인이 늦어질 경우에는 중장년층에서도 청년기에 운용한 정책들을 제공한다. 중장년 시기가 지나면, 그 이후가 바로 어르신으로 구분되는 65세 이상의 노년층이다. 이 시기에는 의료, 교육과 취업, 노후, 상속 등의 서비스가 마련되어 있다.

한국 사회에서 노화, 노년을 위한 준비는 거의 은퇴자금을 마련하는 것으로 일반화되어 있다. 행복한 노년을 위한 최소한의 은퇴자금, 은퇴 후 소득 단절 등의 이야기를 언론에서 쉽게 찾을 수 있을 것이다. 사회 분위기 자체가 '노년의 경제적 여유 찾기'를 강조하고, 그렇지 않은 경우 암묵적으로 도태된 것으로 간주한다.

생애주기는 노년층에서 끝을 맺는 것이 아니다. '죽음'이라는 마지막 관문이 기다리고 있다. 노년의 시기에는 '나'라는 사람의 인생을 정리할 수 있도록 죽음을 준비해야 한다. '좋은 죽음'을 향한 준비 단계로 노년을 보내야 할 필요가 있는 것이다. 그러한 의미에서 정부 차원에서 은퇴 후 재취업이나 의료, 돌봄 서비스 외에 노화와 죽음에 대한 '웰다잉well-dying' 교육이 필요하다. 잘 살아간다는 것은 곧 잘 죽는 것과 동일한 의미이기 때문에 죽음을 생각할 때 떠오르는 불편하고 어두운 인식을 개선해야 한다. 죽음의 의미를 편안하게 받아들이고 스스럼없이 이야기할 수 있는 문화가 지금 우리에게 필요하다.

준비된 노화란 무엇일까? 다양한 관점이 있겠지만 그중 의사의 입장에서 '건강'이란 측면과 사회적 자아로서 어떻게 살아갈 것인지를 중점적으로 이야기하고 싶다.

먼저 당신은 어떤 노화의 과정을 겪을 것인지 생각해본 적이 있는가. 스스로 노화에 대해 어떻게 생각하는지 궁금하다. 수동적으로 '아, 나이를 또 먹는구나', '세월이 참 빠르구나'라고 여기는지, 혹은 '내가 나이가 들어가고 있구나'라는 걸 인정한 후 노화에 능동적으로 대처하고 있는지 말이다.

어린 시절에는 시간이 흘러가는 것을 지루하게 느끼기 때문에 "심심하다"라는 말을 많이 한다. 초등학교, 중학교 시절에는 하루하루가 굉장히 길고, 일 년이라는 시간이 한 시절처럼 아득하게 느껴졌을 것이다. 인생의 속도가 곧 나이와 비례한다고 흔히 말하는 것처럼 말이다.

20개의 점이 찍혀 있는 그림과 30개의 점이 찍혀 있는 그림을 보고 있다고 가정해보자. 둘 중 어느 쪽에 점이 더 많이 찍혔는지는 쉽게 알 수 있을 것이다. 하지만 100개의 점이 찍혀 있는 그림과 110개의 점이 찍혀 있는 그림을 보면, 두 그림 속 점의 개수는 큰 차이가 없어 보인다.

만일 우리가 열 살이라면 열한 살이 되기까지의 일 년은 살아온 시간의 10%에 해당한다. 꽤 긴 시간이 일 년에 해당하는 것이다. 하지만 여든의 노인이 여든한 살이 된다고 할 때, 그 일 년은 살아온 시간의 80분의 1밖에 되지 않는다. 그러니 세월의 빠름은 지나온 세월의 관점에서 다르게 인식될 수밖에 없다.

나이가 든 것을 제대로 모르고 결국 사는 대로 살다 보면, 어느 한순간에 도달해 세월이 너무 빨리 흘렀음을 인지하게 된다. '내가 벌써 이렇게 됐나?' 하면서 점점 그 나이에 준비해야 하고 필요한 것들을 놓칠 가능성이 높아진다. 그렇기 때문에 스스로 나이 들어간다는 사실을 받아들이고, '노화'를 대비하며 능동적으로 행동하는 것이 중요하다.

자신의 노화를 인정하게 되면 자연스럽게 일상생활의 잘못된 습관을 바꾸기 위해 노력하고, 건강관리를 위해서 적극적으로 행동하게 된다. 삶이 소중했음을 깨닫고, 그 삶에 참여했던 것을 행운으로 여기며 담담히 일몰 속으로 걸어 들어가는 준비를 하면서 삶의 아름다움을 최대한 누리고자 하는 마음이 가득차게 될 것이다.

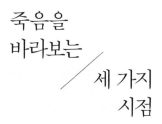

죽음을
바라보는
세 가지
시점

   '죽음'이라는 단어를 들었을 때 평정심을 유지할 수 있는 사람은 거의 없을 것이다. '죽음'은 그 자체로 절대적인 상태이기 때문에 죽음 앞에 긴장하고 당황하는 것은 자연스러운 일이다. '죽음'은 실체가 보이지 않는 대상이면서 직접 경험할 수 없기에 공포를 느끼기 쉽다. 그러나 일상을 살아가다 보면 죽음은 하나의 '사건'으로 인식되기에 빠르게 잊히는 대상이 된다. 그런 의미에서 죽음은 '가까이하기에는 너무 먼 당신'인지도 모른다.

   프랑스의 철학자 블라디미르 장켈레비치Vladimir Jankelevitch는

『죽음에 대하여』에서 우리가 죽음을 말할 때 세 가지 관점에서 이야기한다는 것을 관찰했고, 이를 인칭의 개념으로 구분했다. 1인칭의 죽음, 2인칭의 죽음, 3인칭의 죽음이 바로 그것이다.

먼저 '1인칭의 죽음'은 '나'의 죽음으로 아직 경험하지 못했지만 언젠가 반드시 겪게 되는 현상을 말한다. 경험할 수 없는 것이며, 알 수도 없기에 죽음에 대해 불안, 공포, 혐오 등 여러 감정이 들 수밖에 없다. '나'에게 죽음이란 오직 미래의 동사로서 존재한다.

'2인칭의 죽음'은 '나'와 가까운 사람의 죽음이다. 긴밀한 관계, 예컨대 부모나 형제의 죽음으로 깊은 상실감이 남게 되는 것을 의미한다. 가까운 이의 죽음을 곁에서 지켜보게 되면서 비로소 죽음에 대해 진지하게 생각한다. 죽은 이는 더 이상 세상에 없지만 '나'는 계속 살아가게 된다.

'3인칭의 죽음'은 매일 인터넷이나 신문에서 언급되는 사고나 사건을 포함해 나와 관계가 없는 타인의 죽음을 뜻한다. 미디어나 통계 위의 죽음이 여기에 해당한다. 사람들 대부분이 슬픔과 탄식, 연민을 느낄 수는 있어도 그 감정을 오래도록 안고 살아가지는 않는다. 익명의 '그'의 죽음인 것이지, '나'와 직접적으로 관계된 죽음이 아닌 까닭이다.

죽음에 대한 개인의 반응을 문학작품을 통해 살펴보자. 레프 톨스토이의 『이반 일리치의 죽음』은 한 인간의 삶과 죽음을 밀도 있게 분석해 삶의 본질을 통찰하는 작품이다. 특히 3인칭과 2인칭의 중간 단계에 해당하는 죽음에 대한 반응을 보여주는데, 성공의 정점에 있던 판사 이반 일리치가 갑자기 원인 모를 병에 걸려 죽게 되면서 이야기가 시작된다.

이반 일리치의 법대 동창으로 어린 시절부터 주욱 그를 오랫동안 알고 지낸 표트르는 이반의 죽음 앞에서 "꼬박 사흘에 걸친 끔찍한 고통과 죽음. 그건 지금, 어느 순간이든 나에게도 닥칠 수 있는 일이다"라며 섬뜩한 감정을 느낀다. 다만 이내 곧 죽음이 이반 일리치에게만 해당하는 특수한 사건으로 인식하고, 자신과는 전혀 무관하다고 치부하며 장례식장을 나온다. 그리곤 카드 게임을 하러 지인의 집으로 향하는데, 이는 너무나도 인간적인 서사를 보여준다. 2인칭의 죽음에 대한 감정이 있지만 곧 3인칭의 시점에서 느끼던 막연한 감정으로 회복한 후, 평상시의 모습으로 돌아가는, 이른바 '지인의 죽음'을 적나라하게 드러내기 때문이다.

평소 '죽음' 또는 '사망'을 언급할 때 우리는 그 전제를 '3인칭으로서의 죽음'으로 둔다. 그 때문에 죽음 앞에서 비교적 태연한 반응을 보이며 일상을 유지할 수 있다. 법의학자들이 쓴 많은 사례집을 살펴보면 한 사람의 죽음에 대해서 안타까운 마음이 느껴지지만, 이를 객관적인 3인칭의 관점으로 바라볼 수밖에 없다. 각종 사고에서 보도되는 안타까운 죽음 역시 나와는 직접적인 관계가 없기 때문에 이를 냉철하게 바라보고 예방책 등을 이야기할 수 있는 것이다.

한 저명한 의학학회에서 의사들이 '특정 치료로 인해 생존율이 증가했다'는 사례를 발표했다고 하자. 발표 자료에는 익명의 사람들에 대한 사망 곡선이 객관적인 자료로 제시되어 있다. 찍혀 있는 하나하나의 점은 한 사람의 죽음을 의미한다. 그럼에도 우리는 그것을 '3인칭의 죽음'으로 바라보기 때문에 객관적 자료로서 죽음을 마주한다.

죽음을 3인칭으로 바라볼 때 죽음의 특성을 도출할 수 있다. 모든 호모 사피엔스는 '사후 되돌릴 수 없다'는 불가역성不可逆性, '누구에게나 죽음이 찾아온다'는 보편성普遍性, '영원히 살 수 없다'는 유한성有限性, '사후 어떻게 되는지 알 수 없고 입증할 방법이 없다'는 불가지성不可知性, '사후 모든 생체 기능이 정지된다'는 부동성不動性, 그리고 '죽음에는 생물학적 원인이 있다'는 인과성因果性이 그렇다.

스님, 목사님, 그리고 신부님과 같이 모든 종교인이 언급하는 죽음의 의미가 모두 이 시점에서 이루어지게 된다. 3인칭으로서 죽음을 바라볼 때 우리는 삶의 마지막 종착지인 죽음을 자연스럽게 받아들일 수 있다.

'나'에게 죽음이란

오직 미래의 동사로서 존재한다.

가까운 이의 죽음은 한 사람의 인생에 있어
강렬한 '사건'으로 작용한다.
그때 비로소 죽음에 대해 진지하게 생각할 수 있게 된다.

2인칭 죽음에 / 필요한 대처법

　3인칭의 죽음과 달리 2인칭의 죽음, 그중 가족을 잃은 유족들은 사별 이후 상실에 대한 정서적·행동적·사회적·기능적 반응인 애도 반응을 겪는다. 애도 반응에서 가장 먼저 드는 감정은 슬픔이다. 때때로 무감각하거나 멍해지는 경우도 있지만 이는 대개 상실 직후에 자신을 보호하려는 정상적인 방어 기제가 작용하는 것이다.

　사람에 따라서는 통제하기 힘든 분노의 감정으로 애도 반응이 종종 나타나기도 한다. 이때 분노의 대상은 자기 자신, 고인,

의료진, 신, 운명이 될 수 있다. 분노는 가족을 잃은 상황에서 아무것도 할 수 없다는 무력감을 동반한다. 이때 사랑하는 사람은 죽고 나는 살아남았다는 죄책감과 '나 혼자 행복해도 되는가'라며 스스로의 가치를 부정적으로 인식하는 마음도 교차하게 된다.

만일 자살 혹은 사고로 가까운 이가 사망할 경우, 자신에게 책임이 있다고 생각한다면 그 죄책감은 해결하기 힘든 문제로 발전할 수 있다. 신체적인 측면에서도 불면이나 식욕 저하, 가슴이 답답하거나 숨이 막히는 증상, 피로감 등이 나타날 수 있다.

생각의 변화도 다양하게 나타난다. 처음에는 죽음으로 인한 이별이 믿어지지 않아 혼란스러울 수 있다. 오랜 기간 동안 세상을 떠난 이의 생각이 문득문득 나고, 슬픔이 북받치는 등의 감정이 자연스럽게 나타난다. 사람에 따라서는 삶의 의미에 대한 고민으로 자신의 가치관이나 종교적 신념이 흔들릴 수도 있다. 이처럼 애도의 과정은 누구나 다르고, 일률적이지 않다.

애도에서 가장 영향을 주는 것은 '사별 과정이 어떻게 진행되었는가'이다. 죽음이 예기치 못하게 발생한 경우, 앞서 언급한 대로 슬픔과 함께 사고와 관련된 자책이나 급작스러운 공허감이 나타난다. 그렇다면 2인칭의 죽음, 즉 사랑하는 이와의 이별을 마주했을 때 우리는 구체적으로 어떻게 대처해야 할까?

먼저 큰 슬픔으로 인한 충격이 일상생활에 영향을 줄 정도라면 상실이 일어난 직후부터 애도에 대한 마음을 글로 작성하기를 권한다. 사랑하는 이를 잃은 혼돈과 충격으로 마음을 헤집는 감정들을 직접 글로 써보며, 서서히 마음을 비우고 평온한 상태로 전환해보는 것이다.

상실의 슬픔은 어느 순간 끝나는 것이 아니다. 상실과 이별의 현실을 받아들이기까지 감정의 문제는 서두를 필요가 없다. 바쁜 일상을 조금 늦추고, 많은 시간을 들여야 한다. 이직, 퇴직, 먼 곳으로의 여행 등 중요한 결정 역시 애도 반응에 의해 영향을 받을 수 있으므로 충분히 생각해보는 것이 필요하다.

사랑하는 이와의 이별은 그 자체로 마음을 약하게 할 뿐 아니라 신체에도 영향을 미친다. 그렇기에 반드시 자신을 돌볼 수 있는 여유가 필요하다. 사랑하는 이를 떠나보내고도 아무런 슬픔이 느껴지지 않는 무감각 상태라면 이 또한 큰 슬픔에 빠진 것이라는 사실을 알아차려야 한다. 혹 눈물을 흘리지 않더라도, 감정이 요동치지 않더라도, 무감각 또는 마비 자체가 큰 충격에 의한 슬픔의 형태라는 것을 받아들이고 자신을 자책하지 않도록 주의해야 한다. 세상을 떠난 사랑하는 이와의 추억은 마음속 깊은 곳에서 시간의 흐름과 자신의 용기로 인해 아름답게 남는다.

필요하다면 외부의 도움을 받는 것을 추천한다. 가족, 친구, 심리상담가 그리고 정신건강의학과 의사 등에게 자신이 겪고 있는 슬픔의 크기와 그리움의 깊이를 터놓는 것도 글쓰기만큼 좋은 방법이다. 행여나 주변에서 자신에게 애도의 감정을 이야기하는 사람이 있다면, 상실감과 비탄에 빠진 사람을 도와준다는 마음으로 묵묵히 그의 이야기를 들어주고 공감하자. 그것만으로도 그에게 큰 도움이 될 것이다.

사별 후 마음속 분노가 솟구치거나 공격적인 태도가 자신을 사로잡을 때는 어떻게 해야 할까? 사별 후 분노라는 것은 복합적인 감정으로 죄책감, 상실감, 무력감, 사랑에 대한 아쉬움과 그리움 등이 섞여 있다. 자신이 느끼는 감정을 세밀하게 나누어 상실의 슬픔은 한순간으로 끝나지 않는다.
그 모든 감정과 현실을 받아들이기까지는
충분한 시간이 필요하다.

분노하고 있는 이유를 생각해보는 시간이 필요하다.

사람에 따라서는 분노를 내면에 담고 주변 사람, 특히 가족에게 공격적인 태도를 은연중에 보이기도 한다. 분노를 내면화하는 것은 장기간에 걸쳐 진행될 수 있으며, 정신적으로나 신체적 건강에 여러 부정적인 영향을 미칠 수 있다. 분노를 억누르면 긍정적인 감정도 함께 둔화되기 때문에 삶의 전반적인 활력이 떨어지게 된다.

사별로 인한 분노와 화는 결국 직접 쓰는 글, 감정의 표현 등 언어로 바꿔 누그러뜨릴 수 있다. 이 역시 친구나 가족, 심리상담가나 정신건강의학과 의사 등 외부 자원의 도움을 받기를 권한다. 가능하다면 분노를 신체적 에너지로 승화해 대화를 통한 표현, 운동, 춤 또는 노래 등으로 해소하는 것이 좋다.

어떤 사람들은 사랑하는 이와의 영원한 이별 후 공포나 불안에 휩싸이기도 한다. 이때 중요한 것은 자신을 비극의 주인공으로 생각해서는 안 된다는 것이다. 생에 의미가 없다고 지속적으로 생각한다면 오히려 자신의 일상에 빨리 복귀하는 것이 좋다. 주변 사람에게 애써 괜찮다고 이야기하기보다는 자신이 감정적 문제가 있다는 사실을 주변에 알려 그들의 수용과 이해를 구할 수 있도록 하자.

사랑하는 이와의 사별은 그를 전부 잃는 것이 아니다. 그와 맺었던 사랑의 관계는 형태가 없어 만질 수 없을 뿐, 세상에 남아 있는 사람의 마음속에 엄연히 존재한다. 그 자체로 인간적으로 성숙하는 계기이자 용기가 되고 다른 사람을 향한 소중한 마음으로 발전할 수 있는 원천이 된다. 인생은 상실의 연속이며 우리 역시 사랑하는 이를 두고 떠날 수 있는 존재라는 것을 인지해야 한다. 몸과 마음을 쉬며 공포와 불안의 감정을 내려놓는 연습, 외부의 도움을 받는 것이 중요하다는 사실을 명심해야 한다.

일반적으로 사랑하는 사람과의 작별 뒤 수개월 안으로 격렬한 애도 반응이 나타난다. 그러다 1~2년 정도가 지나면 그가 없는 삶에 서서히 적응하는 것이 대부분이다. 하지만 때에 따라, 관계의 특수성에 따라 그 이상의 시간을 애도하는 데 보낼 수 있다. 이때 애도는 회복되어도 마음속에 영원히 사라지지 않는 감정으로 남는다. 추모, 기억 그리고 사랑의 형태로 마음에 새겨지는 것이 가장 성숙한 2인칭의 죽음에 대한 반응일 것이다.

많은 이들이 '떠난 이를 잊을 수 있는 방법'을 묻는다. 하지만

인생은 상실의 연속이며
우리 역시 사랑하는 이를 두고
떠날 수 있는 존재라는 것을
인지해야 한다.

떠난 그를 잊을 방법은 없다. 세월이 켜켜이 쌓이는 순간에도 그가 떠난 그리움과 함께 살아가야 한다. 그리운 감정을 내면에 품은 채 계속해서 일상을 꾸려나가야 한다. 일상 속에서 절절한 그리움과 함께 밥을 먹고, 잠들고 일어나며 출퇴근을 하다 보면, 어느 날 그에 대한 그리움은 여전히 마음속에 있는 채로, 세상을 떠난 이가 원하던 모습의 자기 자신을 일상에서 만날 수 있을 것이다.

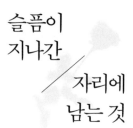

슬픔이 지나간 자리에 남는 것

상실 또는 사별은 가까운 사람 혹은 사랑하는 사람의 죽음으로 인한 슬픔이나 고통을 나타내는 단어이다. 죽음과 관련된 애도는 상실에 대한 정서적·행동적·사회적·기능적 반응을, 비탄은 장례나 추모 등에서 각 문화와 관습의 경로를 통해 표현되는 반응을 말한다.

애도의 과정은 크게 세 단계로 나눌 수 있다. 첫 번째 단계는 문제제기와 원망이다.[1] 사랑하는 사람을 잃게 되면 그 상실로 인해 슬프고 고통스러운 상황에서도 사건을 부정하고 회피한다. '도대체 왜?' 이러한 일이 자신과 가족들에게 일어났는지 의문을 제기하고 답을 구하려 끊임없이 고민하게 되는 것이다. 간혹 그 의문을 인간의 실존적 존재에 대한 의미로 연결해 자신의 인생을 돌아보기도 한다. 사람에 따라서는 특정할 수 없는 대상을 원망해 내면의 고통스러운 감정을 마음껏 발산하며 감정을 정화하기도 한다.

애도의 두 번째 단계는 주위를 인식하고 수용하는 것이다. 상실의 고통에 몰두하다가 문득 자신과 자신을 둘러싼 주변을 둘러보게 되었을 때, 자신과 함께 슬퍼하는 가족과 지인들의 존재를 깨닫게 되면서 새로운 삶의 의미를 찾을 수 있다.

물론 비극적인 상실과 슬픔은 그대로인 채로 현실을 받아들이면서, 점차 주변을 통해 인생의 긍정적인 측면을 바라볼 기회를 얻게 된다. 또한 슬픔이라는 감정을 배출함으로써 자신의 안정과 치유를 위해 상실의 감정을 수용하게 된다.

마지막 단계는 상실을 통해 새로운 의미를 발견하는 것이다. 앞선 두 단계는 사랑하는 이를 영원히 떠나보내는 슬픔을 서서히 딛고 일어서는 과정이라고 볼 수 있다. 마지막 단계는 일종의 결과로 상실을 통해 인생의 의미를 발견하고 이를 재평가하는 기회를 얻게 되는 것이다. 사람들 대부분이 상실을 경험한 후

상실은 아픔을 남기지만,

그 속에서 우리는 본질을 되돌아보고

소중한 것이 무엇인지 깨닫게 된다.

삶의 유한성을 절실히 느끼고, 향후 자신의 평범한 일상을 소중히 바라보게 되듯이 말이다.

자신의 가치관과 종교 등에 따라 세상을 떠난 이를 언젠가 다시 만날 기대를 하며, 칠흑과 같은 슬픔을 극복하기도 한다. 또한 주변에 대한 감사는 물론, 자신과 함께 슬픔을 나눈 이들의 소중함을 깨닫게 된다. 특히 가족 구성원들 간 신뢰와 친밀감이 강화되고, 자신을 염려해주었던 지인들을 통해서 상실로 붕괴된 자신의 신념과 가치관이 회복될 기회를 얻게 된다.

우리는 어떤 마음으로 애도의 과정을 보내야 할까? 먼저 상실 그 자체를 현실로 인정했으면 한다. 사랑하는 사람의 죽음은 오랫동안 인간이 경험해온 사건으로, 인류에게 주어진 보편적인 운명이다. 상실을 부정하거나 회피하는 것은 초기 단계에서 자연스럽게 발생하는 일이다. 하지만 죽음에 대한 부정과 회피에 사로잡히게 되면 애도의 다음 단계로 나아가지 못하고 슬픔의 심연에 빠지게 될 수 있다. 결국 누구나 언젠가 겪는 일이라는 사실을 깨닫고 이를 인정하는 태도가 필요하다.

둘째, 상실로 인한 고통을 온전히 겪어내는 것이다. 애도의 과정에서 수반되는 고통과 슬픔은 자연스러운 과정이다. 고통을 억누르는 경우, 신체적 통증이나 부적응적인 행동이 나타날 수 있다. 충분히 애도하지 못할 경우, 새로운 이별 앞에서 더 깊이 절망하게 된다. 꺼이꺼이 울어도 괜찮고 입술을 지그시 깨물며 슬퍼해도 괜찮다. 부끄러워하지 말고 충분히, 그리고 깊게 슬퍼하는 용기가 중요하다.

셋째, 애도의 단계에서 원망하는 마음이 생긴다면 기꺼이 인정하고 받아들이자. 원망의 대상은 사랑하는 이를 마지막에 돌본 의료진일 수도 있고, 주변 가족일 수도 있으며 자기 자신일 수도 있다. 내면의 고통스러운 감정을 마음껏 발산해 감정을 정화하는 게 중요하다. 다만 슬픔이 분노로 전이되면서 다듬어지지 않으면, 부정적인 에너지가 누적되어 증오의 마음이 될 수 있다. 증오는 그 자체로 자신의 삶을 파괴하기 때문에, 애도의 단계에서 원망의 감정을 잘 인지하고, 보살피는 마음을 가져야 한다.

넷째, 사랑하는 이가 없는 환경에 적응해야 한다. 그가 없는 새로운 환경에 적응하기란 절대 쉽지 않다. 어느 날 떠난 이가 떠오르는 일을 막을 길이 없기에 마음속 깊은 곳의 슬픔을 일깨우기 일쑤다. 그러한 순간들을 자신이 그를 얼마나 사랑했는지 보여주는 결과로 받아들이자. 일상생활에 적응하다 보면 떠난 이에 대한 슬픔이 점차 그리움으로, 또 애틋한 기억으로 자리 잡을 것이다. 만일 떠난 이의 생각으로 일상생활을 유지할 수 없다면, 새로운 역할을 맡는다거나 상담을 받는 등 다양한 자원의 도움을 받는 것이 필요할 것이다.

애도의 과정에서 마지막은 세상을 떠난 사랑하는 이와의 관계를 재정립하고 자신의 삶을 이어 나가는 것이다. 고인에 대한 사랑과 기억을 끊어내는 것은 불가능하기에 '떠난 이를 잊을 방법'이란 없다. 하지만 마음속에서 사랑하는 이의 기억을 간직한 채 살아가는 것은 가능하다. 그렇게 삶의 유한성을 인지하고, 내 삶을 소중히 다루고 유지하는 것이다.

애도의 과정에 있어 첫 번째는
현실을 있는 그대로 인정하는 것이다.

떠난 이를 잊을 방법은 없지만,
마음과 기억으로 간직한 채
살아가는 것은 가능하다.

생의
마지막을
어떻게
보낼 것인가

위암 4기의 60대 후반 남자가 있었다. 그는 혼자 살았고 자신의 상태를 온전히 알게 된 후 집 안을 정리하기 시작했다. 그는 친한 사람들에게 폐를 끼치기 싫었고, 직접 집 청소를 하며 본인의 삶을 정리하고자 했다. 청소를 마친 후 그는 멍해졌다. 그다음에는 무엇을 해야 할지 몰랐다. 그리고 한 호스피스 병원에 입원했다. 나아지지 않을 것임을 알면서도 별다른 도리가 없었기에 찾아간 곳이었다. 생의 마지막을 어떻게 보낼지 단 한 번도 생각조차 해보지 않았기 때문이다.

병원에서 여생을 끝마치기로 한 남자는 병상에서 한 달을 보냈다. 남은 시간 동안 위암에 걸린 자신을 탓하기보다는 무력한 자기 자신이 견디기 힘들었다. 죽음 앞에서 그는 아무런 준비를 할 수 없었다. 그저 자신의 집을 스스로 청소했다는 사실에 대해 안도했을 뿐이다.

이 같은 사례를 우리 주변에서 심심치 않게 목격할 수 있다. 대한민국 국민은 2020년대를 들어서며 1년에 30만 명이 넘게 사망하고 있다. 그중 암으로 사망하는 사람은 8~9만 명에 이른다. 실제 기대수명까지 생에 단 한 번이라도 암에 걸릴 확률은 40%로 꽤 높은 편이다. 우리나라 국민의 3분의 1에서 4분의 1 정도가 암으로 사망한다는 의미이다. 그렇다면 암에 걸렸을 때 언젠가 찾아올 죽음에 대해서 준비를 할 수 있을까? 그것은 생의 마지막을 어떻게 보낼 것인지 묻는 일과 다름없다.

2001년 미국 의사협회지Journal of American Medical Association, JAMA는 세 가지 그래프로 죽음의 경과에 관해 설명했다. 먼저 그래프 A는 암으로 인한 사망을 보여준다. 암에 걸린다고 모두가

만성 질환 환자들의 시간에 따른 신체 기능 변화

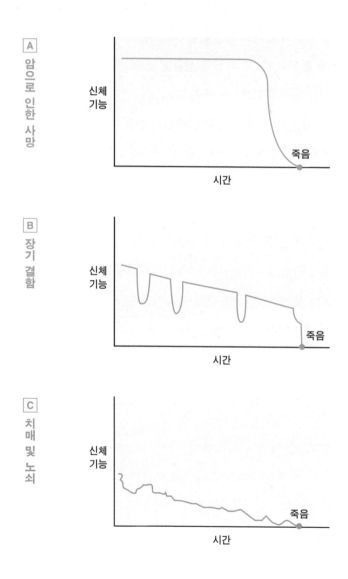

암 때문에 사망하는 것은 아니다. 요즘에는 완치되는 경우가 많다. 그럼에도 암이 진행된다면 언젠가 사망에 이르게 되는데, 이때 생의 마지막 2~3개월 정도에 신체 상태가 급속하게 나빠진다.

암에 걸리더라도 대개 치료를 통해 통증이 진행되며 쇠약해지거나 일상생활에서 불편을 느끼는 정도이다. 잠을 자고 밥을 혼자 먹을 수 있고 옷도 갈아입을 수 있으며 화장실에 가는 일상적인 기능이 유지된다. 그러다 마지막 2~3개월 정도에 급속하게 그 기능을 잃는다. 암을 진단받고 사망하기 2~3개월 전에는 대부분의 사람들이 생의 마지막을 준비할 정신과 체력이 있을 가능성이 높다. 바로 이때가 죽음에 대비하며 삶을 정리할 수 있는 유일한 시간이다.

미국의 유명 드라마인 〈CSI : 라스베이거스〉에서 주인공 그리섬 반장은 "마지막에 어떻게 죽고 싶은가"라는 질문을 받는다. 그는 자신의 마지막 과정으로 암을 선택한다. 신체적 기능이 남아 있는 상태에서 서서히 그 기능을 상실해가며 생을 보낼 수 있다는 측면을 고려한 것이 아니었을까 싶다.

우리나라는 사망 전 항암 치료를 받는 비율이 미국에 비해 3배 정도 높다고 알려져 있다. 연명의료 직전까지 치료를 고집하며 자신의 인생을 돌아보고 마지막 준비를 할 여력 없이 보내는 경우가 대부분이다.

생의 마지막을 응급실이나 중환자실에서 수많은 튜브가 연결된 자신의 신체를 바라보며 고통 속에 죽기를 바라는 사람은 아무도 없을 것이다. 하지만 우리나라에서는 마지막까지 치료를 받는 것이 가족의 도리를 다하는 것이라는 사고가 지배적이어서 현재도 병원에서 여생을 보내는 이들이 많다.

그래프 B는 신체 기능이 점점 떨어지면서 갑자기 나빠졌다가 조금 회복되었다가 다시 급격하게 나빠지는 양상을 반복한다. 심장과 폐질환, 신장질환 및 당뇨병 등에서 이 양상을 보이는데, 중증 단계에 진입할수록 악화하면서 결국에는 사망에 이른다. 그래프 B의 경우, 질병이 지속되면 신체 기능의 악화로 인해 마지막을 준비할 시간과 여력이 충분하지 않다.

그래프 C는 발병 시점부터 신체 기능이 지속적으로 떨어져 악화하는 임상 경과를 보인다. 이는 노쇠와 치매에 해당한다. 치매는 2022년 기준 코로나바이러스 감염증을 제외하면 우리나라 사망 원인 6위에 위치할 정도로 해마다 증가하는 질병이다.

그래프 C는 신체 기능이 좋지 않은 상태에서 시작해 계속해서 하락하는데, 인생의 마지막을 준비할 여건이 되지 않는다. 특히 치매는 인지장애가 중증으로 진행되면, 사랑하는 사람들한

테 남길 수 있는 소중한 사안들을 준비하기 어려운 경우가 많다.

———✧———

정리해보면 암은 신체 기능이 유지될 때 생의 마지막을 준비할 시간이 있는 것으로 보이고(그래프 A), 사망 원인 10위 내에 드는 심장질환, 폐질환, 뇌혈관질환, 당뇨병 등과 같은 만성 질환에서는 급격하게 신체의 악화를 경험하고 지속적인 기능 저하를 보이면서 삶의 여력을 점차 잃게 된다(그래프 B). 노쇠와 인지장애, 즉 치매가 진행되면 생의 마지막을 준비할 겨를이 없을 가능성이 높아 보인다(그래프 C). 다만 우리나라에서는 생의 마지막까지 치료를 하는 비율이 높기 때문에, 암으로 인한 사망에서도 자신의 죽음을 준비하는 시간을 충분히 갖지 못하는 경우가 많다.

죽음은 우리를 기다려주지 않는다. 죽음을 준비할 시간은 더더욱 주어지지 않는다. 정신은 건재해도 신체 기능이 악화하여 내 마음대로 제어하지 못하는 경우도 있고, 신체 기능은 아직 큰 불편함이 없지만 인지 장애를 겪을 수도 있다. 그럼에도 우리는 생의 마지막 준비를 죽음이 눈앞에 있을 때 해야 하는 것으

죽음은 삶이 끝없이 펼쳐지지 않는다는 것을
우리에게 알려준다.
삶은 끝이 있기 때문에
현재를 더 값지고 의미 있는 존재로 만든다.

로 인식한다.

신체와 정신이 건강할 때 죽음을 준비해야 한다. 생의 마지막을 어떻게 보낼 것인지는 우리가 '좋은 삶'을 고민하는 것만큼이나 중요하므로, 건강할 때 죽음을 생각하고 준비하는 일이 필요하다는 것을 강조하고 싶다.

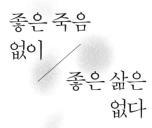

좋은 죽음 없이 / 좋은 삶은 없다

호라티우스의 라틴어 시에는 '카르페 디엠Carpe Diem'이라는 말이 있다. '순간에 최선을 다하고 즐기라'는 뜻이다. 여기까지는 대부분의 사람들이 알 것이다. 그 앞에는 한 마디가 더 있다. "메멘토 모리Memento Mori", '죽음을 항상 기억하라'는 뜻이다. 메멘토 모리와 카르페 디엠, 두 개념을 연결하면 '사람은 언젠가 죽음을 맞이하게 되니, 그 죽음을 기억하고 현재에 충실하라'는 의미가 된다. 삶의 유한성을 인식하고 그 유한한 삶을 어떻게 살아야 할지 질문을 건네는 구절이다.

우리가 유한한 존재라는 것을 알고 오늘 하루도 최선을 다해 살 수 있다면, 적어도 죽음이 찾아올 때 후회할 일이 적지 않을까?

탄생에서 죽음으로 완결되는 것을 삶이라고 본다면, 죽음이 없는 삶은 생각할 수조차 없다. 죽음이 없다면 우리는 지루한 영원성에 갇혀 삶의 모든 행위에 허무와 공허만을 남길 것이기 때문이다. 사랑을 하는 것도, 일을 하는 것도, 자아를 실현하는 것도 언제까지나 미룰 수 있는 일이 될 것이다.

우리는 죽음이라는 존재를 인식하기에 현재의 삶을 의미 있게 살 수 있다. 하지만 죽음에 대해 아무런 준비를 하지 않는 것은 현재의 삶에서 그 의미를 찾지 못한다는 것과 같다. 그렇다면, '좋은 삶'의 끝에는 '좋은 죽음'이 있는 것이 아닐까.

2018년 말, 암 환자와 환자의 가족, 의사와 일반인을 대상으로 좋은 죽음의 구성 요소가 무엇인지 조사했다. 그 결과 환자가 좋은 죽음에 있어 가장 중요하게 생각하는 것을 알 수 있었는데, 그 순서는 다음과 같다.

가족에게 부담되지 않기, 마지막까지 가족과 함께하기, 남겨진 일을 정리하기, 통증에서의 자유로움, 삶의 의미를 느끼기, 신앙의 평화, 치료의 선택권, 집에서 임종을 맞이하기, 의식

4개의 그룹으로 살펴본 '좋은 죽음'의 구성 요소 중요도

요소	전체 (3,940명)	일반인 (1,005명)	암 환자 (1,001명)	가족 간병인/ 환자 가족 (1,006명)	의사 (928명)
마지막까지 가족과 함께하기	1027	22.4	24.5	25.9	27.1
가족에게 부담되지 않기	856	22.6	28.7	25.5	12.9
남겨진 일 정리하기	678	20.4	18.8	20.8	10.3
삶의 의미 느끼기	537	10.3	7.9	8.7	27.8
통증에서의 자유로움	408	14.1	11.9	9.5	5.0
신앙의 평화	228	4.1	4.8	5.4	11.0
치료의 선택권	60	1.1	1.5	1.2	2.7
의식 유지	52	0.5	1.1	1.3	2.2
재정적 문제의 해결	50	2.5	0.7	0.9	0.8
집에서 임종 맞이하기	44	2.1	1.2	0.9	0.1

유지, 재정적 문제의 해결 순으로, 환자 가족과 일반인이 생각하는 것 역시 크게 다르지 않았다.

우리가 밥을 먹지 않고는 살 수 없듯이 죽음 없이는 삶도 있을 수 없다. 다시 말해 생명이 잉태하는 순간부터 그 생명체는 죽음을 향한 삶이라는 여행을 시작하는 것이다. 따라서 우리의 삶은 죽음으로 완성되는 것이라고 할 수 있다. 죽음을 제외한 나머지 삶만을 중요하게 생각하고, 죽음을 외면한 채 살아간다면 우리 삶은 절름발이 신세가 될 것이기 때문이다.

오늘날 부모들은 아기가 태어나자마자 유치원 입학을 위해 등록하고, 젊은이들은 진학과 취업을 위해 시험 준비를 하며, 사랑하는 이와의 결혼식을 준비하면서도 삶의 종착역인 죽음에 대해서는 준비할 생각조차 하지 않는다. 이것이야말로 삶의 아이러니가 아닐 수 없다.

매일 먹는 한 끼 식사를 생각해보자. 밥과 반찬을 만들기 위해서는 쌀과 야채 등 식재료를 구입해야 하고, 준비한 재료를 제대로 손질해야 한다. 또한 요리법을 알고 있어야 하고, 기본적인 조리 기구들이 있어야 한 끼 식사를 완성할 수 있다. 물론 누군가 만들어놓은 음식을 사 먹을 수도 있지만 그 돈도 내가 준비해야 하는 것이다.

죽음도 누구나 반드시 겪는 일이므로 밥을 먹는 일과 마찬가지여야 한다. 그러나 이 둘 사이에는 큰 차이가 있다. 밥과 반찬을 마련하기 위한 방법은 쉽게 알 수 있고 만들어보는 연습도 가능하며 실패하면 다시 시도해볼 수 있다. 하지만 죽음을 맞이하는 일은 전혀 그렇지 않다. '좋은 죽음'을 맞이하기 위해 아무런 준비를 하지 않는다는 것은 아무것도 하지 않고 생명을 유지하겠다는 것처럼 무모한 일이다.

그렇다면 죽음을 능동적으로 맞이하기 위해 해야 할 일은 무엇일까. 특히 죽음이 멀게 느껴지는 젊고 건강할 때, 생의 마지막을 위해 준비해야 할 일이 무엇인지 구체적으로 고민해보길 권한다.

먼저, 오늘의 삶을 잘 준비했으면 한다. 오늘의 삶을 잘 준비하는 것이 곧 죽음을 준비하는 일이다. 삶에서 중요한 것은 사

좋은 죽음을 맞이하기 위해

아무런 준비를 하지 않는다는 것은

아무것도 하지 않고

생명을 유지하겠다는 것처럼 무모한 일이다.

람마다 다를 수 있겠지만 오늘의 삶을 준비하기 위해 크게 두 가지를 생각해보자. 하나는 몸과 마음의 건강이며, 또 다른 하나는 재정적 건전성이다. 몸의 건강은 근력, 유연성, 그리고 지구력에 의해 좌우된다. 이 세 가지를 키우고 유지하기 위해서는 자신에게 맞는 다양한 운동을 꾸준히 해나가야 한다. 또한 긍정적 태도를 지니고 스트레스 대처능력이 있다면 마음이 건강하다고 할 수 있을 것이다. 마음의 건강을 위해서는 필요에 따라 명상, 묵상, 심리치료 등 다양한 방법을 활용할 수 있다.

재정적 건전성은 욕구 충족의 삶을 살 것인지, 혹은 소욕지족少欲知足의 삶을 살 것인지와 같이 삶의 태도를 어떤 방식으로 설정하느냐에 달려 있다. 현실적으로는 젊고 건강할 때부터 저축과 건전한 투자를 통해 장기적인 재정 계획을 수립하고, 그 계획을 차근차근 지속적으로 실천하는 것이 필요하다.

둘째, 내가 하고 싶은 것bucket list과 하고 싶지 않은 것duck-it list을 정리해보자. 삶이 얼마 남지 않은 사람들이 가장 후회하는 두 가지는 하고 싶은 일을 해보지 못한 것과 하지 말았어야 하는 일을 한 것이라고 한다. 따라서 좋은 죽음을 위한 준비는 후회 없는 삶을 사는 것과 같다. 죽음이 멀리 있다고 생각할 수밖에 없는 시기부터 자신의 삶에서 '꼭 해보고 싶은 일들'과 '하면 후회할 일들'의 목록을 정리해 잘 보이는 곳에 붙여놓고 하나씩 실천해보자.

셋째, 오랫동안 즐길 수 있는 취미를 발전시켜 새로운 경력이 되도록 하자. 생활인으로서 현실적인 여건을 고려해 자신이 좋아하는 일이 직업으로 이어지는 일은 드물다. 이럴 때 자신의 직업에 대해 불만을 품고 소홀히 하기보다는 현재의 직업에 충실하면서 동시에 꼭 하고 싶은 일을 찾아보자. 그리고 그런 일을 취미로 병행하면서 꾸준히 발전시켜 나가되 본업 못지않게 진지한 노력을 기울여보자. 취미를 발전시키다 보면 어느새 그 취미는 제2의 본업이 될지도 모른다. 그렇게 무언가에 몰두하면서 배우는 삶을 살게 될 때 죽음을 향한 여정에 더 큰 의미가 생긴다.

넷째, 식탁 위에서 죽음을 이야기하자. 일상에서 죽음을 이야기하는 일은 정말 어렵다. 많은 사람들이 죽음을 대화의 주제로 삼는 일을 최대한 피하려고 한다. 그러나 죽음만큼 함께 이야기를 나누기에 무궁무진한 내용을 담고 있는 주제도 없다.

죽음이라는 단어를 사용하지 않고도 이야기를 나눌 수 있다. '반려동물이 무지개다리를 건넜다'라고 죽음을 에둘러 표현하며 이야기를 주고받기도 한다. 그러면서 현재의 삶을 다시 생각해볼 수 있다. 죽음을 주제로 한 이야기는 평소에 마음을 터놓고 지내는 가족, 친구들과 나누는 것이 편한데, 그러한 분위기를 만들어가기 위해서는 가족 중 연장자가 솔선수범하는 것이 필요하다. 부모가 먼저 자녀들에게 자신의 죽음관을 알리고, 가족들이 식사를 하면서도 죽음을 이야기할 수 있을 정도라면 좋은 죽음을 맞이하기 위한 기초가 단단하다고 본다.

다섯째, 간접적으로 죽음을 경험해보자. 죽음은 일생에 단한 번 경험할 수 있는 일이다. 좋은 죽음을 맞이하기 위해서는 어쩔 수 없이 간접적으로 죽음을 경험하고, 그 경험을 토대로 준비할 수밖에 없다. 아무리 간접적인 경험이라도 그 경험이 우리에게 주는 영향력은 크다.

죽음에 관한 책을 읽음으로써 나의 죽음을 진지하게 생각해볼 수 있다. 특히 여러 사람들과 함께 읽는 독서 모임을 통해 책을 읽고 이야기를 나누면 다양한 경험을 공유할 수 있을 것이다. 책 이외에도 죽음을 주제로 다루는 영화들이 많기 때문에 토론의 소재로 삼기에 더없이 좋다. 죽음학을 공부하는 모임이나 관련 행사에 참여하는 것도 죽음을 직시할 힘을 키우는 기회가 될 것이다. 또한 스스로 자신의 묘비명이나 부고를 직접 써보면서 자신의 삶을 돌아볼 수 있다.

무엇보다도 호스피스 기관에서 죽음을 목전에 둔 사람들을 돕는 봉사활동을 하게 되면 간접적인 죽음 경험을 통해 생의 마지막을 맞이하는 사람은 물론, 세상에 남게 되는 가족들을 더 잘 이해하게 된다. 호스피스 기관의 봉사자들 대부분은 자신이 죽음을 앞둔 사람에게 도움을 준 것보다 더 많은 것을 봉사를 통해서 배우고 얻을 수 있었다고 고백한다.

—+—

여섯째, 죽음과 관련된 서류를 미리 작성해두자. 좋은 죽음을 맞이하기 위해서는 자기(운명)결정권을 제대로 행사할 수 있어야 한다. 자기결정권 행사를 위해서는 법적 효력이 있는 서류를 작성하는 것이 필요하다. 미리 준비해두면 도움이 되는 서류로는 유언장, 사전연명의료의향서, 장기기증 서약서, 법적 대리인 지정서 등이 있다.

유언장 작성은 물질적 유산뿐 아니라 장례식 절차, 자녀들에게 남기는 글 등 정신적 유산까지 모두 유언에 포함하도록 한다. 이런 서류를 작성할 때는 법적 요건을 갖추어 작성해야 하고, 필요에 따라 공증 절차를 밟아야 사후에 법적 효력을 인정받을 수 있다.

사전연명의료의향서는 19세 이상의 성인이라면 누구나 자신의 의사에 따라 작성할 수 있다. 국립연명의료관리기관에서 정한 의료기관과 사회단체를 방문하여 정확한 설명을 직접 듣고 작성해야 하고, 작성 후에는 국가기관에 등록된다. 장기기증을 원하는 경우에는 국립장기조직혈액관리원, 사랑의장기기증운동본부, 한마음한몸운동본부 등에 등록할 수 있다. 이 같은 서류들은 온전히 개인의 자기결정권을 토대로 하는 것이므로 언제라도 그 내용을 바꾸거나 철회할 수 있다.

일곱째, 의료 문제를 의논할 주치의를 정하고 의료대리인 제도에 대한 인식을 새롭게 하자. 현재 우리나라에는 장애인 주치의 제도는 있으나 일반 주치의 제도는 없다. 따라서 누구든 진료를 받고자 하면 가장 적절한 전문 진료 의원이나 2차 의료기관인 종합병원에서 진료를 받을 수 있다. 그리고 1,2차 의료기관에서 진료확인서를 받아 3차 의료기관인 대학병원에서 다시 진료를 받을 수도 있다. 이 같은 의료전달체계 때문에 환자들이 여러 병의원의 전문 진료과를 방문하는 의료 쇼핑과 소수의 3차 의료기관에 환자가 집중되는 기이한 현상이 발생하고 있다.

안타깝게도 현실은 이와 같지만 가까운 의원이나 병원에 자신의 건강 전반을 상담할 수 있는 주치의를 정해두었으면 한다.

평소에는 소소한 건강 문제까지도 모두 의논할 수 있고, 위급한 의료 문제가 발생했을 때는 보다 효율적으로 상급병원에서 문제를 해결할 수 있는 길을, 주치의를 통해서 찾을 수 있을 것이다.

의료대리인이란 의료 문제와 관련된 결정을 내려야 할 때, 자신의 뜻을 정확하게 대변해줄 수 있는 사람이다. 현재 우리나라에서는 의료대리인에 대한 인식이 부족하고 법적으로도 의료대리인을 인정하지 않는다. 그러나 핵가족화가 가속화되고 1인 가족이 급증하는 실정에서 앞으로 의료대리인의 필요성이 증가하게 될 것이다. 의료대리인에 대한 인식 개선과 제도 도입이 사회적으로 논의되었으면 한다.

여덟째, 자신이 원하는 마지막 모습을 그려보고, 좋은 죽음을 맞이하기 위한 구체적인 계획을 세우자. 죽음을 이야기하기도 어려운데 자신의 마지막 모습을 그려보는 것은 더더욱 어려울 것이다. 편안하고 안정된 장소에서 생의 마지막 시간을 보내며 죽음을 맞이하는 자신의 모습을 상상해보자. 그것만으로도 삶에 긍정적인 효과가 있다.

마지막 시간을 평안하게 보내기 위해서는 평소에 가족은 물론, 다른 사람들과의 관계가 매우 중요하다. 그러한 의미에서 대인 관계가 원만한 삶을 살아야 한다. 또 집이든 요양시설이든 의료기관이든 어디에 있든지 가장 적절한 돌봄을 받을 수 있도록 경제적 지원이 가능해야 한다. 따라서 인간관계에서 발생하는 문제를 건강하게 해결해나가기 위한 구체적인 방안과 경제적 자립의 토대를 마련하기 위한 계획을 실천하는 것이 필요하다.

일상에서 다양한 형태로 생의 마지막 시간을 준비하게 된다면, 언제 어떻게 맞닥뜨릴지 모르는 죽음을 더 의연하게 맞이할 수 있을 것이다. 삶 속에 녹아 있는 죽음 준비를 통해서 궁극적으로는 후회 없는 삶을 살아낼 수 있을 것이다.

죽음을 맞이하는 자신의 모습을

상상해보는 것만으로도

궁극적으로는 후회 없는 삶을

살아낼 수 있는 계기가 된다.

두 번째 노트 ———————————————————

————————— 후회 없는 삶을 위한 준비

내 고통을 덜어준 것은 약이 아니라
신선한 공기였다.

_마리 퀴리

옛 한국인들에게 죽음은 / 삶의 완성이었다

나이가 들수록 주변의 죽음에 익숙해지게 된다. 어린 시절에는 죽음이 먼 이야기처럼 느껴졌지만 시간이 흐르면서 부고 소식을 차츰 접하게 된다. 때로는 가까이 알던 사람과 갑작스러운 이별을 경험하며 더 이상 죽음을 나와 무관한 일로 받아들이지 않게 된다. 그럼에도 여전히 죽음은 낯설고, 두렵게 느껴진다. 죽음을 피할 수 없다는 사실을 알면서도, 그것이 자신과는 거리가 먼 일이기를 바란다. 왜 우리는 죽음을 두려워할까. 한국인에게 삶과 죽음은 어떤 의미를 지니는 것일까.

생사관生死觀은 인간 존재 자체에 깊은 성찰을 요구한다. 이는 우리가 어떻게 살아가야 하는지, 죽음을 어떻게 받아들여야 하는지에 대한 방향을 묻는다. 한국인의 생사관은 오랜 역사 속에서 다양한 철학과 종교의 영향을 받으며 형성되었다. 이 생사관의 기초는 샤머니즘(무속)에서 시작되었다. 삼국시대 이후 불교가 전래되면서 전통적 샤머니즘과 결합되었고, 조선시대에 들어 성리학이 또 다른 축을 형성했다. 이후 서학(천주교)과 개신교가 도입되면서, 현대에 이르기까지 모든 요소가 복합적으로 작용하며 현재의 생사관을 만들었다.

전통적인 샤머니즘은 사후 세계보다는 현생에서의 복과 안녕에 집중했다. 무속 행위는 주로 살아 있는 사람을 위한 것이었다. 죽은 이의 영혼이 신의 세계로 평안히 갈 수 있기를 기원하는 것조차 결국 산 자들의 안녕과 관계되었다. 이를테면 가족이 불행을 겪으면 조상의 원혼을 달래고자 굿을 치뤄 해결하려는 사례가 대표적이다. 이 같은 현세주의적 사고방식은 한국인에게 삶의 뿌리가 되었고, 오늘날까지도 영향을 미치고 있다.

불교는 삶과 죽음이 상호 의존적이며, 하나의 끝이 아니라 다른 시작으로 이어지는 연기緣起의 연속이라고 가르친다. 이는 삶과 죽음을 분리된 것이 아니라 동일한 연장선상에서 이해하게 한다. 하지만 한반도에 들어온 불교는 샤머니즘과 결합하며 윤회, 극락, 전생, 서방정토 등의 개념을 강조하고, 기복 신앙의 성격을 띠게 되었다. 불교의 이러한 변형은 한국인의 사후 세계에 대한 관심과 현세적 기복 신앙을 강화하며, 전통 샤머니즘과 자연스럽게 융합되었다.

조선시대 성리학은 죽음을 삶의 자연스러운 귀결로 바라보았다. 천수를 다한 뒤 자연스럽게 죽음을 맞이하는 것을 이상적인 삶의 완성으로 여겼고, 죽음 이후보다는 생전의 도덕적 윤리, 특히 효와 충을 강조했다. 이는 삶의 과정에서 책임과 도리를 중시하는 한국적 생사관을 정립하는 데 크게 기여했다.

근대에 들어 천주교와 개신교가 한국에 도입되면서 죽음과 부활의 교리가 소개되었다. 이 두 종교는 인간의 죽음을 단순히 생의 끝으로 보지 않고 새로운 시작으로 여긴다. 특히, 신의 죽음과 부활을 기리는 의식은 한국인의 전통적 생사관에 영향을 주었지만, 현세주의와 융합되며 사후 세계보다는 현생의 행복과 복을 중시하는 경향으로 유지하게 되었다.

--–-–-

현대에 들어 한국인의 생사관은 전통적인 샤머니즘, 불교, 성리학의 영향을 기반으로 발전했다. 그중 현세주의는 지금까지도 강력한 영향을 미치는데, 생의 마지막까지 병원에서 여생을 보내려는 의료집착 문화를 만들어냈다고 볼 수 있다. 삶의 질보다 생명을 연장하는 데 초점을 둔 태도는 죽음을 준비하거나 받아들이기보다는 피하고 연기하려는 경향으로 이어진다.

현대 한국인의 삶과 죽음에 대한 인식은 점점 복잡해지고 있다. 전통적인 현세주의와 과학과 의료 기술의 발전, 그리고 현대 종교의 교리가 얽히며, 죽음을 준비하거나 받아들이는 문화가 약화되고 있다. 하지만 동시에 죽음에 대한 새로운 접근 방식, 즉 웰다잉 운동이나 죽음을 긍정적으로 받아들이려는 움직임도 생겨나고 있다. 이는 전통적 생사관과 현대적 가치가 조화를 이루며 한국인의 죽음 문화를 재구성하는 과정으로 볼 수 있다.

삶과 죽음은 단순히 시작과 끝이 아니라, 한 민족의 철학적 사유와 문화적 정체성을 비추는 거울이다. 현대 한국인은 삶과 죽음을 단절된 사건이 아니라 서로 이어진 과정으로 바라본다. 전통적으로 삶과 죽음은 현재를 중심으로 한 연속적 경험으로

이해되었으며, 이는 개인의 삶뿐만 아니라 가족, 사회적 관계에
도 깊이 뿌리내리고 있다.

좋은 죽음에 대한 / 새로운 논의들

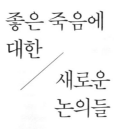

21세기에 들어서면서 의학은 눈부신 발전을 이루었다. 의학 지식의 증가 속도는 기하급수적으로 가속화되고 있는데, 의학 지식이 두 배로 증가하는 데 걸리는 시간은 1950년에는 50년이었던 것이 2020년에는 불과 73일로 단축되었다.[2] 이러한 급격한 발전은 의학의 여러 분야 중에서도 중환자 의학의 성장을 두드러지게 만들었다.

과거에는 심장과 폐의 정지가 곧 사망을 의미했지만, 현재는 인공호흡기, 심폐소생술, 체외막산소화장치ECMO 등 첨단 기술과 약제를 통해 주요 장기의 기능을 유지하며 생명을 연장할 수 있게 되었다. 이는 중환자 의학의 위상을 크게 높이는 계기가 되었으며, 삶의 마지막 순간까지 생명 연장이 가능해졌다는 점에서 의학의 경계를 확장시켰다고 볼 수 있다.

그러나 이러한 발전은 윤리적 딜레마를 야기했다. 생명의 연장은 가능해졌지만, 삶의 질과 의미에 대해서는 충분한 논의 없이 무의미한 연명치료가 빈번히 이루어지고 있기 때문이다. 이는 한국인의 현세주의적 생사관과 맞물려, 삶의 마지막 순간까지 치료에 집착하는 의료문화로 이어지고 있다.

현대사회는 죽음을 바라보는 새로운 선택지로 안락사와 연명의료 중단을 논의하기 시작했다. 안락사Euthanasia의 어원을 살펴보면, 그리스어로 '좋은', '행복한', '아름다운'이라는 뜻을 가진 접두어 'eu'와 '죽음'을 의미하는 'Thanatos'에서 유래한다. 곧 '좋은 죽음', '행복한 죽음', '아름다운 죽음'이라는 의미로 가치중립적인 단어였으나, 현대에 이르러 환자의 임종에 개입하는 행위로 이해된다.

국립국어원 표준국어대사전은 안락사를 "극심한 고통을 받는 불치의 환자에 대해 본인 또는 가족의 요구로 고통을 줄이며 생명을 단축하는 행위"로 정의한다. 한국인의 인식에서 안락사란 환자의 임종에 개입하는 행위로 통용되는 것으로 보아도 무방하게 여겨진다.

본디 안락사는 서구사회에서 상당한 거부감을 일으키는 단어였다. 바로 2차 세계대전 시기, 나치 독일이 자행한 만행인 비자의적 안락사가 역사적 배경으로 자리 잡고 있기 때문이다.

당시 독일에서는 진화론이 잘못 이해되어 탄생한 우생학을 근거로 '위대한 아리아인' 만들기에 혈안이 되어 있었다. 우수 혈통의 독일인을 만든다는 얼토당토않은 생각이 대중에게 전파되면서 살아갈 가치가 없는 생명not worth living으로 선천적 장애인과 정신질환자에 대해 그들의 의사와 무관하게 살인과 다름없는 비자의적 안락사involuntary euthanasia를 자행했다. 심지어 독일 정부는 장애아를 낳은 부모에게 자녀의 안락사를 하기 위해 직접 신고할 것을 권장했다. 이렇게 비자의적 안락사를 당한 사람들은 약 7만 여명에 달한다. 이 같은 사건은 인류사의 비극적인 반인륜적 범죄로 기록되었으며, 이후 서구사회에서 안락사는 오랫동안 부정적인 이미지로 인식되었다. 특히, 비자의적 안락사는 윤리적으로 절대 용납될 수 없는 범죄 행위로 간주하고 있다.

현대사회에서 안락사란 치료나 완화가 불가능한 고통과 통증을 줄이기 위해, 의도적으로 생명을 종결하는 행위로 인식된다. 이는 의학적 선택을 넘어 윤리적·철학적·사회적 논쟁의 중심에 서 있는 주제이다. 안락사는 그 방식과 의도에 따라 여러 가지로 분류되며, 연명의료 중단과 자연사의 개념과도 밀접하게 연결된다. 안락사는 의학적 방법과 실행 방식에 따라 다음과 같이 분류된다.

먼저 적극적 안락사Active Euthanasia는 환자의 생명을 의도적으로 단축시키기 위해 약물(치사량의 독극물)을 투입하거나 공기 주입으로 인한 공기 색전증 유발 등 환자의 사망을 직접적으로 초래하는 행위를 의미한다. 적극적 안락사는 명백히 사망을 목적으로 진행되기 때문에 법적·윤리적 논쟁이 가장 첨예하게 발생하는 유형이다.

두 번째, 소극적 안락사Passive Euthanasia는 환자가 생존 가능성을 유지할 수 있는 연명치료를 의도적으로 하지 않아(부작위) 환자를 사망에 이르게 하는 행위를 말한다. 이는 연명의료 중단과 종종 혼동되지만, 법적 맥락에서 다르게 정의된다.

세 번째, 의사조력 자살 또는 의사조력 사망^{Physician-Assisted} Suicide/Death은 의사가 환자에게 자살을 가능하게 하는 약물을 제공하거나 처방하는 행위를 의미한다. 의사는 환자가 삶을 직접 종결할 수 있도록 돕는다. 이 방식은 환자의 자기결정권을 존중하는 데 초점이 맞춰져 있다.

연명의료 중단Suspension of Life Sustaining Treatment은 말기 환자가 회생 가능성이 없고, 환자 본인이 거부 의사를 밝힌 경우에 심폐소생술, 인공호흡기 부착, 체외막산소화장치 등의 연명의료를 중단하거나 시행하지 않는 것을 의미한다.

의사가 연명시술을 하지 않아 보다 빠르게 사망케 하는 행위로 이해되어 안락사의 방법 중 하나로 포함되었다. 하지만 환자의 자연스러운 죽음을 받아들이는 행위로, 생명을 단축하려는 의도와는 다르며 한국을 포함한 일부 국가에서 법적으로 허용되고 있다. 말기 환자의 자기결정권을 보장한다는 의미를 고려한다면 굳이 안락사로 분류할 필요가 없다는 것이 학계의 다수 의견이다. 연명의료 중단은 소극적 안락사와 혼동하여 쓰이지만 회생 가능성이 없는 말기 환자가 치료 거부 의사를 밝힐 때 심폐소생술이나 인공호흡기와 같은 연명의료 행위를 하지 않는 것으로 이해하면 된다.

요약해보면 현재는 의사가 약물 투입과 같은 적극적인 방법으로 환자를 사망케 하는 적극적 안락사와 환자의 자살 과정을 도와주는 의사조력 사망, 두 가지 방법을 안락사로 인정하고 있으며, 연명의료 중단은 안락사와 다른 분류로 정의한다.

의학적으로 자연사Natural Death란 법률적으로 병사를 의미하고 질병이라는 내인적 원인으로 인한 사망이며, 외부에서 작용한 원인(외인)으로 생긴 상병(질병이나 손상)은 포함하지 않는다. 가령 심부전, 암, 뇌졸중 등의 내인성 질병으로 인한 사망은 자연사로 간주한다. 따라서 나이와 무관하게 내인성 질병에 의한 사망은 모두 자연사라고 일컫는다.

참고로 1976년 미국 캘리포니아주에서는 불치병 환자가 연명의료를 거부할 권리를 명시한 자연사법Natural Death Act이 제정되었으며, 이는 환자가 존엄성을 유지하며 죽음을 맞이할 수 있는 권리를 보장한 최초의 입법 사례 중 하나다. 일본에서는 연명의료 중단을 포함하는 개념을 '존엄사'로 번역하여 사용하고 있다.

딜레마

생명의 가치와 자기결정권이 충돌할 때

생의 마지막 순간, 삶과의 이별을 스스로 결정할 수 있다면 어떤 선택을 할 것인가? 개인의 신념, 종교, 삶에 대한 미련이나 후회, 건강 상태 등 수많은 변수에 따라 이 질문의 답은 달라질 수 있다. 더욱이 죽음을 선택한 이들을 돕는 의사나 관련 종사자라면 대답하기가 더 곤란할 수 있다.

안락사는 여러 딜레마를 발생시킨다. 생명의 가치와 자기결정권이 충돌되고, 악용 가능성이 있어 윤리적 갈등이 우려된다. 또 안락사와 관련된 법적 책임과 기준을 명확히 정립하기 어렵

고, 문화권과 종교관에 따라 그 인식이 다르기에 보편적인 합의가 어렵다. 그렇기에 여전히 첨예한 논쟁의 대상이다.

역사적으로 처음 알려진 안락사에 관한 논란은 1971년 네덜란드 프리슬란트주의 의사 거트루스 포스트마Geertruida Postma에 의해 촉발되었다. 그녀의 어머니는 뇌출혈로 반신불수, 언어장애와 청각장애로 오랫동안 고통받았다. 어머니는 요양원에서 침대에서 낙상하지 않도록 결박된 채 생활했는데, 그녀는 요양원 사람들과 딸에게 자기 삶을 끝낼 수 있도록 도와달라고 지속적으로 요청했다. 어머니의 요청을 받은 포스트마는 그녀의 뜻대로 모르핀 20mg을 투여했고 끝내 사망케 하였다. 이는 1973년 레바르덴 법원 판결에 따라 유죄로 인정되었고 집행유예가 선고되었다.[3]

고인의 뜻대로 약물을 투여한 이른바 '포스트마 사건'은 네덜란드 사회에 큰 파장을 불러일으켰다. 이는 네덜란드 안락사협회Nederlandse Vereniging voor een Vrijwillig Levenseinde, NVVE가 설립되는 계기가 되었으며, 왕립네덜란드의사협회Koninklijke Nederlandsche Maatschappij tot Bevordering der Geneeskunst, KNMG가 조건부 안락사 허용을 주장하는 데 영향을 주었다.[4]

이후 1975년 미국 뉴저지주에서 발생한 카렌 퀸란Karen Quinlan

의 사례도 안락사 논쟁을 촉발했다. 당시 21세의 퀸란은 항불안제인 바륨 복용 상태에서 음주로 혼수상태에 빠졌고 지속적 식물인간 상태가 되어버렸다. 그녀의 부모는 뉴저지 법원에 '인공호흡기를 제거하여 자연스러운 죽음을 맞이하는 것이 환자의 고통을 덜어주는 것이고 또한 환자의 죽을 권리'라고 주장했다. 검사는 뉴저지주 자살 법규에 위배되는 사안이라 주장했지만 1976년 뉴저지주 대법원은 인공호흡기 제거를 허락하게 된다. 인공호흡기 제거 후에도 퀸란은 자발적인 호흡이 가능했고, 지속적 식물인간 상태에서 콧줄로 영양공급이 이루어지다가 판결 9년 후 사망하였다.[5]

이 판결은 연명의료 중단과 관련된 최초의 재판으로 앞으로 언급할 미국의 낸시 크루잔Nancy Cruzan, 테리 샤이보Terri Schiavo 등 여러 재판에 영향을 주었다. 네덜란드와 미국의 사례에 영향을 받아 일본에서는 1976년 안락사 협회가 설립되었지만, 1979년 안락사 법제화를 저지하는 모임이 결성되어 대립이 시작되었다.

1980년 5월, 로마 교황청은 안락사에 대한 선언Declaration on Euthanasia을 통해 안락사, 즉 적극적 안락사와 의사조력 사망은 반대하나 환자에게 도움이 되지 않는 무의미한 연명의료 중단은 안락사에 포함되지 않으며, 이를 가톨릭에서는 환자가 원할 경우 허용한다고 선언했다.

1982년 네덜란드에서는 6년 동안 치료를 받던 95세 여자 환자가 더 이상 품위 있고 존엄한 삶을 기대할 수 없다면서, 그녀의 주치의였던 의사 슌하임Schoonheim에게 적극적 안락사를 요구했다. 의사는 동료와 환자의 아들과 상의한 후 치명적 약물을 주입해 그녀를 사망케 했다. 이에 대해 1984년 네덜란드 대법원은 환자의 질병 치료에 대한 기대가 더 이상 없고, 그 고통마저 줄일 수가 없는 한계 상황에서 환자 자신의 명확하고 지속적이며, 심사숙고된 안락사 요구를 받아들인 의사를 처벌할 수 없다고 적극적 안락사에 대해 무죄를 선고하였다. 이러한 움직임은 스위스에서 1982년 최초의 의사조력 사망 단체 엑시트 인터내셔널Exit International이 발족하는 데 영향을 주었고, 이후 디그니타스Dignitas, 라이프서클Lifecircle, 페가소스Peragsos 등의 단체로 발전해나갔다.

1983년 미국의 낸시 크루잔은 교통사고로 뇌사 상태에 빠져 지속적 식물인간 상태가 되었다. 약 5년간의 간병 후 가족들은 그녀에게 영양을 공급해주는 콧줄, 즉 영양공급관을 빼달라고 병원에 요청했다. 하지만 의사가 이를 거절하자 가족들은 법원에 소를 제기하게 되었다. 2년 동안의 법적 절차를 거쳐 1990년 연방대법원은 생명 연장을 위한 의학 장치 등을 거부할 권리가 연방 헌법에 의해 보장된다고 판시하였다.[6] 이는 자칫 죽을 권리를 인정한 것처럼 오해할 수 있으나 '죽음이라는 결과가 있을 지라도 치료를 거부할 수 있는 권리를 법적으로 보장한다'는 의미로 해석하는 것이 옳다.

다만 그와 같은 치료 거부 의사가 있었음을 인정하기 위해서는 일반적인 증거 입증보다 '분명하고 납득할 만한 증거clear and convincing evidence'가 있어야 한다. 낸시 크루잔은 그 증거가 '교통사고 1년 전' 동거한 친구에게 자신은 "식물인간으로 살고 싶지 않다"고 말한 것에 불과했기 때문에 이를 완전한 증거로 보기 어렵다고 판단했다. 이후 가족들이 재심에서 새로운 증거로 친구에게 "정상인의 반도 안 되는 삶이라면 삶을 지속하고 싶지 않다"라는 말을 했다는 내용을 제출했고, 미주리주 야스퍼 카운티 법원은 명백하고 설득력 있는 증거라고 판단해 모든 의학적 장치의 제거를 허용했다. 끝내 낸시 크루잔은 영양공급관 제거 12일 후 사망하게 된다.

한편 1987년 미국의 병리 의사 잭 케보키언Jack Kevorkian은 사망 카운슬링이라는 홍보를 지역 신문에 내고, 1990년 알츠하이머병으로 진단받은 54세 여성 자넷 앳킨Janet Adkin의 자살에 조력했다. 그는 수면제, 진통제, 독극물이 순차적으로 나오게 하는 '죽음 기계'라는 뜻의 '타나트론Thanatron'이라는 기구와 환자가 쓰고 있는 마스크에 일산화탄소 가스가 나오게 하는 '머시트론Mercitron'이라는 기계를 사용해 타인의 죽음에 조력했다. 그리고 오랜 법정 공방 끝에 1999년 토마스 유크Thomas Youk라는 루게릭병 환자의 자살을 조력한 죄로 잭 케보키언은 2급 살인죄 유죄가 나올 때까지, 약 130명이 넘는 사람들에 대해 의사조력 사망을 시행했다. 그는 유죄를 받았지만 의사조력 사망에 대한 미국 내 여론을 조성하는 계기가 되었다.

"내 사명은 환자를 죽게 도와주는 것이 아니다. 나의 사명은 그들의 고통을 끝내는 것이다. 이것은 범죄가 될 수 없다"라고 이야기한 케보키언은 자신의 말을 근거로 역설적으로 말기 환자의 고통을 줄이는 호스피스 시설의 확장을 촉발하는 요인이 되었다.

이러한 영향력 속에 미국 오리건주에서는 1994년 의사조력 사망을 합법화하는 존엄사법death with dignity이 주민 찬성 51.3%로 가결되었다. 하지만 법원의 금지 명령으로 시행되지 않았다가, 1997년 11월 존엄사법 폐지 여부에 대한 총선 투표를 통해 유지하기로 결정되었다.

오리건주 존엄사법의 의사조력 사망을 신청하기 위한 조건으로는 환자가 18세 이상이고, 스스로 결정을 내리고 전달할 수 있는 상태여야 하며, 6개월 이내 사망에 이를 말기 질환을 앓고 있어야 한다. 그리고 이를 심사하고 결정하는 것은 환자의 담당 의사여야 한다고 정했다. 2022년 3월부터 오리건주 보건당국은 이 법의 적용에 거주 요건은 필요하지 않다고 결정해, 다른 주에 사는 사람도 오리건주에서 의사조력 사망을 선택할 수 있게 되었다.

연명의료 중단에 대한 이슈를 증폭시킨 사례로는 테리 샤이보의 이야기가 대표적이다. 남편과 부모의 연명의료에 대한 각기 다른 주장과 증거 제시, 간병 중인 남편의 불륜 사건이 뒤섞이면서 미국 드라마 〈로 앤 오더law and order〉에 등장할 만큼 대중적 화제를 이끈 이야기다.

27세의 테리 샤이보는 1990년 심정지 상태로 쓰러졌다. 심폐소생술이 성공했으나, 이미 뇌의 저산소성 허혈성 손상이 발생해 식물인간 상태가 되었고 남편은 약 9년간 그녀를 돌봤다. 1998년 남편은 아내가 '생명유지 장치에 의존해서 살고 싶지 않았다'라며 영양공급을 위한 콧줄 제거를 요구했다. 그러나 그녀의 부모는 이를 반대해 2005년까지 법적 분쟁이 벌어졌고, 끝내 플로리다 대법원이 남편의 영양공급 중지를 허용하게 된다. 결국 테리 샤이보는 영양공급 중지 7일 후 사망하게 되었다.

1991년 일본의 도카이 대학병원에 입원한 58세의 골수암 남자 환자는 극심한 고통에 시달렸다. 4개월 동안 항암 치료에도 효과가 없었다. 그는 견디다 못해 의사에게 죽게 해달라고 호소했고 이에 의사는 환자에게 염화칼륨을 주사하게 된다. 환자의 사망 이후 검찰은 의사를 살인죄로 기소했다. 1995년 요코하마 지방법원에서는 살인죄 유죄 판결을 내렸으나, 이례적으로 징역 2년에 집행유예 2년을 선고했다.

당시 재판부는 안락사가 합법적으로 인정되기 위해서는 견디기 힘든 육체적 고통, 죽음이 임박한 상태, 통증 제거 수단을 전부 처방하고 실행할 것, 본인의 의사 표시(평소 본인의 의사를

생의 마지막 순간,

삶과의 이별을 스스로 결정할 수 있다면

어떤 선택을 할 것인가?

알고 있는 가족이나 제3자의 증언도 유효)가 모두 인정되어야 하나, 사망한 환자에게 육체적 고통이 있었는지에 대한 객관적 근거가 부족해 통증 제거 수단이 모두 실행되었다고 보기 어렵다며 안락사에 해당하는 합법적 근거가 부족하다고 판시했다.[7]

하지만 언론은 이를 일본 최초의 안락사라고 보도하면서, 요코하마 법원의 안락사에 대한 법적 기준 요건을 충족했을 경우, 법적 처벌 여부에 대한 논란을 불러일으켰다. 이 사례는 일본 법무성의 안락사에 대한 공식적인 반대 의견에도 불구하고 의료 현장에서 암묵적 기준으로 인정되고 있다.[8]

이후 1996년 교토의 케이호쿠 병원에서 병원장이 위암 말기 환자에게 근육이완제를 주사해 사망에 이르게 한 일이 발생했다. 환자는 고통에 몸부림쳤고, 아내는 그에게 울부짖으며 조력사망을 지속적으로 요청했다.

사실 환자는 병원장의 친구로 위암 수술 1년 후 암이 폐로 전이된 상태였음에도 가족의 요청으로 환자에게 이를 알리지 않았고, 통증 완화를 위해 강력한 진통제를 투여하고 있을 뿐이었다. 검찰은 근육이완제 주사가 죽음을 앞당겼으나 환자가 임종이 임박했기 때문에 사망한 것이라며, 사망 원인이 전적으로 주사가 아닐 수 있다고 보았다. 또한 요코하마 법원의 안락

사 기준을 충족하지 않았고 반대 증거가 미약하다는 이유로 병원장을 불기소했다.[9]

반면 1998년 가와사키현의 교도 병원 의사는 말기 환자의 요청으로 인해 인공호흡기관을 뽑고 근이완제를 주사해 사망케 했다. 이는 11년의 법적 절차를 밟아 2009년 살인죄로 유죄 판결이 났고, 징역 1년 6월, 집행유예 3년 형이 확정되었다.[10]

2002년, 영국의 루게릭병 환자 다이앤 프리티Diane Pretty는 자신의 존엄한 죽음을 선택할 권리를 요구하며 영국 법원에 소송을 제기했으나, 유럽인권재판소는 그녀의 요구를 기각했다. 이 사건은 2021년 영국 의사회British Medical Association, BMA가 안락사와 의사조력 사망에 대한 반대 입장을 철회하며 중립적 입장으로 전환하게 되는 계기가 되었다.

지금까지 안락사에 대한 다양한 논쟁을 살펴보았다. 그렇다면 현재 존엄한 죽음은 가능한 것일까. 2001년 네덜란드에서는 적극적 안락사와 의사조력 사망을 허용하는 법인 'Termination of Life on Request and Assisted Suicide (Review Procedures)

Act'가 통과되었고, 2002년부터 시행 중이다. 이 법은 다음과 같은 조건을 전제한다.[11]

① 환자의 요구가 자발적이고 깊이 숙고한 상태일 것
② 환자의 고통이 견딜 수 없으며 나아질 희망이 없을 것
③ 환자가 자신의 상태와 전망에 대해 충분히 전달받았을 것
④ 합리적인 다른 선택이 없을 것
⑤ 다른 의사도 이를 확인했을 것
⑥ 안락사의 과정은 적절한 의료 조치를 통해 이루어질 것

2002년 벨기에에서는 네덜란드와 유사한 안락사법을 통과시켰다.[12] 2004년에는 스위스에서 1942년부터 시행되어온 환자의 자살에 대한 의료적 협력이 스위스형법 제115조를 고려해, 의사조력 사망에 관한 가이드라인을 스위스 의과학 아카데미에서 발표하기도 했다.

스위스의 의사조력 사망 과정에는 다른 나라처럼 다양한 심사가 요구된다. 특이한 점은 디그니타스, 엑스인터내셔널, 라이프서클 등의 단체에 등록해야 하며, 절차를 밟으면 외국인도 의사조력 사망이 가능하다는 것이다. 등록 후에는 의사의 진단서

와 조력자살을 희망하는 동기에 관련된 서류를 영어, 프랑스어, 독일어, 이탈리아어 중 하나의 언어로 송부해야 한다.

네덜란드나 벨기에와는 달리 스위스에서는 치매나 정신질환을 앓는 경우, 조력자살의 대상에서 제외되며 다음의 네 가지 조건이 충족되어야 한다.

① 현재 환자가 견디기 힘든 고통이 있을 것
② 완치의 가능성이 없을 것
③ 환자가 원하는 다른 의료 수단이 없을 것
④ 환자의 명확한 의사 표현이 가능할 것

의사조력 사망이 합법화된 곳에서 자신이 존엄하게 죽을 권리를 선택하는 사람들이 늘어나고 있다. 브리트니 로렌 메이너드Brittany Lauren Maynard는 2014년 1월 뇌종양 진단과 함께 기대여명이 6개월 이내라는 진단을 받고, 고통 속 연명보다 사랑하는 이들이 지켜보는 가운데 죽음을 맞이하기로 결심했다. 거주지를 존엄사법이 시행되는 오리건주로 옮기고, 2014년 11월 1일에 의사조력 사망으로 생을 마감했다.

그녀는 사망 전 자신의 뜻을 유튜브에 공개했는데, 이는 전

세계적으로 큰 반향을 일으켰다. 이 사건의 파장으로 2015년 캘리포니아주에서는 안락사와 관련된 법률인 EOLOAThe California End of Life Option Act가 가결되었고, 존엄사와 관련된 법안이 다른 주에서도 논의되기 시작했다.

---✧---

2016년 캐나다 연방대법원은 의사조력 사망을 불법화하는 것에 대해 인간의 존엄성과 자율성을 박탈한다는 판결을 내렸다. 그리고 안락사와 관련된 법률인 MAIDMedical Assistance in Dying를 신설했다.[13] 2021년 발표된 보고서에 의하면 약 1만 명이 MAID에 따라 안락사를 시행했다고 한다.

캐나다에서는 2023년 3월부터 정신장애가 있는 사람들이 견딜 수 없는 심리적 고통을 겪고 있는 경우에도 안락사 프로그램을 이용할 수 있도록 법 개정을 했으며, 8월부터는 마약 중독자들을 대상으로 심사를 통해 안락사 프로그램을 적용받을 수 있게 했다.[14]

2024년 캐나다는 노화, 중대 질병, 정신장애, 마약 중독 등 다양한 질환과 상황에서 죽음을 공식적으로 도움을 받는 체계를 성립했다. 또한 전 세계에서 유일하게 간호사도 이를 실행할 수 있는 법적 근거를 완비했다.

한편 아시아 국가로는 대만이 우리나라보다 약 20년 앞서 2000년부터 무의미한 연명의료를 하지 않도록 연명의료에 관한 안녕완화의료조례를 입법 및 시행하고 있다. 2019년부터는 아시아 최초로 환자의 자기결정권을 보장하기 위한 환자자주권리법을 시행 중이다. 이는 혼수상태, 지속적 식물인간 상태, 중증 치매 등에서도 연명의료 중지가 가능함을 의미한다.

죽음까지 / 실존적 삶의 한 부분이라면

이제 우리나라의 사례를 살펴보자. 1997년 12월 4일, 서울 동작구 보라매병원 응급실로 한 남성이 실려 왔다. 당시 환자는 '경막외 혈종'이라는 외상성 뇌출혈이 진단되어 머릿속 피를 제거하는 수술을 받았고, 스스로 호흡하는 것이 불완전해 인공호흡기를 부착하였다. 의료진은 그가 회복할 수 있다고 보았다. 그러나 환자의 가족은 생각이 달랐다.

남성은 가족을 향해 구타를 일삼았으며 금은방 사업 실패 후 가정의 경제적 기반이 무너져 있는 상태였다. 아내는 남편의 퇴원을 요구했다. 남편이 살아남았을 경우, 가족에게 경제적으로나 심리적으로 부담이 될 것이기 때문이었다.

의료진은 남편이 퇴원한다면 사망 가능성이 있다고 만류했다. 치료비 문제일 경우 환자가 안정된 후 생각할 문제라고 퇴원을 말렸지만, 가족은 남편이 회복 후 가정 내 문제를 일으킬 위험이 있다며 퇴원을 고집했다. 어찌할 방법이 없자 의료진은 퇴원 후 환자의 사망에 대해 법적 이의를 제기하지 않겠다는 귀가 서약서를 작성하게 한 후, 그를 집으로 이송했다.

문제는 여기서 발생했다. 환자는 인공호흡기를 제거한 뒤 사망했다. 이후 경찰 수사가 시작되자 보호자인 아내와 보라매병원 전문의와 전공의가 살인죄로 기소된 것이다. 1심에서 부작위(치료 중단)에 의한 살인의 공동정범이 선고되었다.

고등법원에서는 "인간의 생명은 법익 중 최고의 가치를 가진 법익이므로 국가는 그 생명을 보호해야 할 책무가 있는데, 이 사건의 경우 환자는 소극적 안락사의 법적 개념에 해당하지 아니하고, 치료행위 중지의 허용 요건을 충족하지도 못한다. 만약 담당 의사들이 환자의 생존 가능성 및 더 이상의 치료행위가 의미 있는지를 판단할 수 있는 시점까지 피해자에 대한 치료를 다하고, 병원의 윤리위원회 등 여러 가지 검증 절차를 통하여 치료가 무의미하다고 판단해 한계 상황에서의 환자 자신의 이익과 의사를 고려했다면 양심적 결단에 의한 퇴원으로 볼 수 있다. 그렇다면 법원으로서도 그러한 의사결정을 존중할 여지가 있다고 할 것이나, 보호자의 경제적 문제 때문에 퇴원 요구에 응해 생존 가능성이 있는 환자의 치료를 중지한 행위에 대해서는 단순한 윤리적 책임뿐 아니라 현행법에 따른 책임을 묻지 않을 수 없다"라고 판시하며, 작위(퇴원 조치)에 의한 살인 방조범으로 판단하였다.

대법원에서는 최종적으로 환자의 아내를 부작위에 의한 살인죄로 징역 3년, 집행유예 4년(5개월간 구속), 담당 전문의와 전공의를 각각 작위에 의한 살인 방조범으로 징역 1년 6개월과 집행유예 2년을 선고했다.[15] 이 사건은 당시 의료계뿐만 아니라 사회 전반에 큰 영향을 미쳤다.

무엇보다 의사들이 연명의료 중단을 꺼리는 풍토가 조성되었고, 의료계에서는 '가망 없는 퇴원'이 거의 불가능해졌다. 대한의사협회는 2001년 의사윤리지침을 통해 '회복 불능환자의 진료중단'에 관한 윤리적 지침을 제시했다. 하지만 안락사 허용이라는 사회적 비난을 받았고, 이후 의료계에서는 말기 환자의 무의미한 연명치료 중단에 대한 논의가 사실상 사라지다시피

했다. 실제 1998년 1심 판결 직후 정부가 "회생불가능의 환자일지라도 사망의 순간까지 생명 연장 장치를 환자에게서 떼어낼 수 없다"는 고시를 의료 현장에 배포했고, 그 결과 수 주 내에 각 병원의 중환자실은 퇴원하지 못한 말기 암 환자들로 가득 차 중환자 치료가 필요한 환자들이 이용할 수 없게 되었다.

하지만 이른바 '김 할머니' 사건을 통해 분위기가 바뀌게 된다. 김 할머니는 2008년 2월 폐암 조직검사를 위해 기관지 내시경 검사를 받다가, 혈관 파열이 발생해 과다 출혈로 지속적 식물상태가 되어버렸다. 김 할머니의 자녀들은 인공호흡기 등 연명치료 중단을 요구했고, 영양공급 중단은 요구하지 않았다. 그러나 병원 측은 이를 거부했다.

자녀들은 소송을 제기했다. 소송이 한창 진행 중이던 2009년 2월 16일 김수환 추기경께서 선종하였다. 당시 몇몇 언론에서는 김수환 추기경의 선종을 두고 사회 일각에서 '존엄사를 선택했다', '인공호흡기만 떼 내는 전형적인 존엄사다', '추기경의 죽음이 존엄사법 제정에 힘을 싣는다'라며 김 할머니 사건과 추기경

죽음이 다가오는 것에 대해 겸손하게 순응하고,
죽음을 삶의 일부로 받아들이는 일에 대하여.

의 선종을 연결해 여론을 모았다.

　김 할머니 유족 측 변호인단도 소송 과정에서 대법원에 생의 마지막 단계에서 인공호흡기를 비롯한 기계적 치료를 거부한 김수환 추기경의 사례를 제출할 예정이었다. 그러나 가톨릭 측은 "추기경의 선종은 결코 존엄사가 아니라 노환으로 인해 이제 더는 회피할 수 없는 죽음이 다가오는 것에 대해 겸손하게 순응하고, 당신의 모든 삶을 온전히 자비로우신 하느님의 손에 맡기시면서 지상의 삶을 마감한 것"이라고 밝혔다. 김수환 추기경은 의학적 장치를 통한 연명보다는 죽음까지도 실존적 삶의 한 부분으로 기꺼이 받아들이고 신의 품에 안겼다는 의미였다.[16]

　김 할머니 사건과 관련해 2009년 6월 대법원은 연명치료와 회복 불가능한 사망의 단계에 대해 "의학적으로 환자가 의식의 회복 가능성이 없고 생명과 관련된 중요한 생체 기능의 상실을 회복할 수 없으며 환자의 신체상태에 비추어 짧은 시간 내에 사망에 이를 수 있음이 명백한 경우(회복 불가능한 사망의 단계)에 이루어지는 진료 행위(연명치료)는, 원인이 되는 질병의 호전을 목적으로 하는 것이 아니라 질병의 호전을 사실상 포기한 상태에서 오로지 현 상태를 유지하기 위한 치료에 불과하므로, 그에 이르지 아니한 경우와는 다른 기준으로 진료 중단 허용 가능성을 판단하여야 한다"라고 정의했다.

또한 이를 중단하는 것은 "의식의 회복 가능성을 상실하여 더 이상 인격체로서의 활동을 기대할 수 없고 자연적으로는 이미 죽음의 과정이 시작되었다고 볼 수 있는 회복 불가능한 사망의 단계에 이른 후에는, 의학적으로 무의미한 신체 침해 행위에 해당하는 연명치료를 환자에게 강요하는 것이 오히려 인간의 존엄과 가치를 해하게 된다. 그러므로 회복 불가능한 사망의 단계에 이른 후 환자가 인간으로서의 존엄과 가치 및 행복추구권에 기초하여 자기결정권을 행사하는 것으로 인정되는 경우에는 특별한 사정이 없으면 연명치료의 중단이 허용될 수 있다"라고 설시하였다.[17]

회복 불가능한 사망의 단계에서 무의미한 연명치료는 인간의 존엄과 가치를 해치므로 중단할 수 있다고 본 것이다. 대법원의 판결에 따라 병원 측은 김 할머니의 인공호흡기를 떼었다. 할머니는 인공호흡기를 뗀 뒤에도 영양공급관을 통해 식이를 공급받으면서 8개월을 더 생존하다가 2010년 1월 사망했다.

김 할머니 판결 이후부터는 판결문에서 자기결정권 표현 방법으로 제시된 '사전의료지시'를 '심폐소생술거부 동의서do not resuscitate, DNR'라는 형식으로 의료 현장에서 활용하기 시작했다. 실제 환자의 상태가 악화되기 전에 환자 또는 가족에게 심폐소생술거부 동의서를 미리 받음으로써, 과거 의학적 소견에 따라 자율적으로 이루어졌던 '가망 없는 퇴원'과 비슷한 의료적 결정이 가능하게 된 것이다. 다만 이에 대한 법률적 규정의 요구가 높아지면서 논의 끝에, 2016년 일반인을 대상으로 웰다잉법이라고 알려진 '호스피스 완화의료 및 임종 과정에 있는 환자의 연명의료결정에 관한 법률'(이하 '연명의료결정법')이 제정되어 2018년부터 시행되고 있다.

보라매병원 사건과 김 할머니 사건, 그리고 연명의료법에 이르기까지 한국 사회에서 점차 죽음을 대하는 인식과 태도가 변화하고 있으며, 그에 맞춰 법적·윤리적 기준이 점차 구체화되어 시스템 또한 갖춰지고 있는 중이다. 이는 우리 사회가 연명치료를 단순히 의료적 선택의 문제로 보지 않고, 인간의 존엄성과 자기결정권을 존중하는 사회적 흐름의 차원에서 인지하기 시작했다고 보아야 할 것이다.

귀하는
연명의료
중단을
진행
하겠습니까?

언젠가 누구나 마주할 생의 끝에서 삶의 결정권을 발휘할 수 있는 문서가 있다면 작성하겠는가. 그것도 적법한 문서로 말이다. 이를 웰다잉법에서는 건강할 때 작성하는 '사전연명의료의향서'와 병으로 입원했을 때 작성하는 '연명의료계획서'로 규정한다. 사전연명의료의향서와 연명의료계획서는 연명의료 시행 방법과 중단, 호스피스 선택 여부 및 문서의 효력과 보관, 변경과 철회 등에 대해 설명을 듣고 작성하는 형식으로 진행된다.

미리 작성한 사전연명의료의향서가 있는 경우, 담당 의사는 그 내용을 환자에게 확인한다. 이때 환자가 의사능력이 없는 상태라면 담당 의사 및 해당 분야 전문의 1인이 함께 그 내용이 적법하게 작성되었다는 사실을 확인한 후, 연명의료 중단을 실행할 수 있다. 환자가 입원해 연명의료계획서를 작성한 경우, 환자의 의사를 직접적으로 확인할 수 있기 때문에 문제가 없지만, 연명의료계획서나 사전연명의료의향서가 모두 없고 환자가 의사 표현하는 것이 불가능한 상태라면, 평소 연명의료에 관한 환자의 의사를 환자 가족 2인 이상이 동일하게 진술해야 하고, 그 내용을 담당 의사와 해당 분야 전문의가 함께 확인해야 인정될 수 있다.

만약 문서도 없고 가족의 진술이나 환자 본인의 의사 표현이 어렵다면, 환자의 가족 전원이 합의해야 환자를 위한 연명의료 중단 또는 유보 결정을 할 수 있다. 또 이를 담당 의사는 해당 분야 전문의와 함께 확인해야 한다.

현재 사전연명의료의향서나 연명의료계획서를 통해 암을 포함한 질병 말기에 중단할 수 있는 연명의료 시술은 무엇일까? 법률에 따르면 심폐소생술, 혈액투석, 항암제 투여, 인공호흡기 착용, 체외막산소화장치, 수혈, 혈압상승제 투여를 멈출 수 있다. 혹 담당 의사가 환자의 최선의 이익을 보장하기 위해 시행하

사전연명의료의향서

※ 색상이 어두운 부분은 작성하지 않으며, [ ]에는 해당되는 곳에 √표를 합니다.   (앞쪽)

등록번호	※ 등록번호는 등록기관에서 부여합니다.	
작성자	성 명	주민등록번호
	주 소	
	전화번호	
호스피스 이용	[ ] 이용 의향이 있음 [ ] 이용 의향이 없음	

사전연명 의료의향서 등록기관의 설명사항 확인	설명 사항	1. 연명의료의 시행방법 및 연명의료중단등결정에 대한 사항 2. 호스피스의 선택 및 이용에 관한 사항 3. 사전연명의료의향서의 효력 및 효력 상실에 관한 사항 4. 사전연명의료의향서의 작성·등록·보관 및 통보에 관한 사항 5. 사전연명의료의향서의 변경·철회 및 그에 따른 조치에 관한 사항 6. 등록기관의 폐업·휴업 및 지정 취소에 따른 기록의 이관에 관한 사항
	확인	[ ] 위의 사항을 설명 받고 이해했음을 확인합니다.

환자 사망 전 열람허용 여부	[ ] 열람 가능 [ ] 열람 거부 [ ] 그 밖의 의견	
사전연명 의료의향서 등록기관 및 상담자	기관 명칭	소재지
	상담자 성명	전화번호

　본인은 「호스피스·완화의료 및 임종과정에 있는 환자의 연명의료결정에 관한 법률」 제12조 및 같은 법 시행규칙 제8조에 따라 위와 같은 내용을 직접 작성했으며, 임종과정에 있다는 의학적 판단을 받은 경우 연명의료를 시행하지 않거나 중단하는 것에 동의합니다.

작성일   년   월   일
작성자   (서명 또는 인)
등록일   년   월   일
등록자   (서명 또는 인)

☞ 뒤쪽에 유의사항이 있습니다.

210mm×297mm[백상지(80g/㎡) 또는 중질지(80g/㎡)]

'사전연명의료의향서'는 건강할 때 작성하는 문서로, 연명의료 중단 또는 시행, 호스피스 이용 여부에 대한 의사를 미리 기록한다.

■ 호스피스 · 완화의료 및 임종과정에 있는 환자의 연명의료결정에 관한 법률 시행규칙 [별지 제1호서식] <개정 2023. 7. 31.>

연명의료계획서

※ 색상이 어두운 부분은 작성하지 않으며, [ ]에는 해당되는 곳에 √표를 합니다. (앞쪽)

등록번호		※ 등록번호는 의료기관에서 부여합니다.
환자	성명	주민등록번호
	주소	
	전화번호	
	환자 상태	[ ] 말기환자 [ ] 임종과정에 있는 환자
담당의사	성명	면허번호
	소속 의료기관	
호스피스 이용	[ ] 이용 의향이 있음	[ ] 이용 의향이 없음

담당의사 설명사항 확인	설명 사항	1. 환자의 질병 상태와 치료방법에 관한 사항 2. 연명의료의 시행방법 및 연명의료중단등결정에 관한 사항 3. 호스피스의 선택 및 이용에 관한 사항 4. 연명의료계획서의 작성 · 등록 · 보관 및 통보에 관한 사항 5. 연명의료계획서의 변경 · 철회 및 그에 따른 조치에 관한 사항 6. 의료기관윤리위원회의 이용에 관한 사항
		위의 사항을 설명 받고 이해했음을 확인하며, 임종과정에 있다는 의학적 판단을 받은 경우 연명의료를 시행하지 않거나 중단하는 것에 동의합니다.
	확인 방법	[ ] 서명 또는 기명날인 년 월 일 성명 (서명 또는 인) [ ] 녹화 [ ] 녹취 ※ 법정대리인 년 월 일 성명 (서명 또는 인) (환자가 미성년자인 경우에만 해당합니다)
환자 사망 전 열람허용 여부		[ ] 열람 가능 [ ] 열람 거부 [ ] 그 밖의 의견

「호스피스 · 완화의료 및 임종과정에 있는 환자의 연명의료결정에 관한 법률」제10조 및 같은 법 시행규칙 제3조에 따라 위와 같이 연명의료계획서를 작성합니다.

년   월   일

담당의사   (서명 또는 인)

☞ **뒤쪽에 유의사항이 있습니다.**

210mm×297mm[백상지(80g/㎡) 또는 중질지(80g/㎡)]

'연명의료계획서'는 질병으로 병원에 입원한 상태에서 작성하며, 환자의 상태에 따른 구체적인 연명의료 선택과 의료적 계획을 포함한다.

지 않거나 중단할 필요가 있다고 의학적으로 판단하는 시술이 있다면 이 역시 중단할 수 있다. 하지만 환자에게 영양과 수분 공급, 체온 유지, 항생제 및 (마약성) 진통제 투여는 필수적 의료 행위로 보아 중단하지 않는 것이 일반적이다.

우리나라 법에서 이야기하는 사전연명의료의향서는 의료기관윤리위원회가 설치된 의료기관에서만 연명의료 결정과 이행이 이루어진다. 2023년 기준, 국내 요양병원의 윤리위원회 설치 비율은 8.8%에 불과하다. 이는 요양병원이나 요양시설에서 사망하는 다수의 노인 환자가 연명의료 결정의 혜택을 받지 못하고 있는 현실을 의미한다.

매년 약 10만 명이 넘는 대한민국 국민, 특히 노인들이 윤리위원회가 없는 소규모 병원이나 요양시설에서 죽음을 맞이하는 실정이다. 200만 명이 넘는 국민이 사전연명의료의향서를 작성해서 등록했음에도, 작은 요양병원이나 요양시설에 입원한 상태에서는 그 서류가 활용될 여지가 없는 것이다.

연명의료 문서는 전산 시스템을 통해 확인할 수 있지만 병원의 윤리위원회 부재로 인해 소규모 병원과 요양시설에서는 법적 절차를 진행할 수 없는 구조적 한계가 존재한다. 이를 해결하기 위해 정부는 요양병원과 요양시설에 윤리위원회를 확대 및 설치할 수 있도록 인센티브 지원, 규제 완화, 설치 의무화 등을 고려할 수 있다. 또한 윤리위원회가 없는 병원에서는 지역별 의료윤리센터와 협력하여 연명의료 결정을 진행할 수 있는 간소화된 시스템을 구축해야 한다. 무엇보다 사전연명의료의향서와 연명의료계획서의 필요성과 활용 방법에 대한 대국민 홍보를 강화하여, 법적 도구의 접근성을 높여야 할 것이다.

앞서 언급했듯이 한국인의 생사관은 현세주의에 기반하고 있다. 우리나라 의료 현장에서 회생 가능성이 희박하고, 남은 생이 길지 않은 환자와 그 보호자는 완화의료와 의료집착을 선택하곤 한다. 완화의료는 남은 삶의 질을 중요시해 통증과 편안한 여생의 방법을 찾는 것을 의미하고, 의료집착은 최대한 생명 연장을 하는 데 중점을 두고 할 수 있는 모든 연명의료를 시행하는 것을 의미한다.

한국의 전통적 생사관인 현세주의에 따르면 "개똥밭에 굴러도 이승이 낫다"는 생각과 함께 전통적 성리학에서는 부모의 장수를 바라고, '효'라는 사상 아래 가족 중심의 사회를 강조한다.

죽음은 삶의 과정이다.

죽음의 존엄성은 삶의 존엄성과 다르지 않다.

인간다운 삶이 위협받을 때

죽음에 대한 자기 결정권은

존엄한 삶을 향할 때 실천될 수 있을 것이다.

이러한 문화적 배경은 가족에게 돌봄의 책임을 부여하고, 연명의료에 대한 집착을 고수하게 만드는 요인으로 작용한다.

환자의 입장에서 생각해보자. 한국의 말기 환자들은 생의 끝까지 치료를 받는다. 자식이나 가족들의 눈치를 보느라 죽을 때까지 고통스러운 치료를 감당하다가 끝내 병원 중환자실이나 응급실에서 삶을 마감한다. 암 환자의 생존 기간을 몇 개월 단위로 연장하는 약물에 열광하며 매년 항암제에 투입하는 보험 재정에만 2조가량을 투입하고 있는 형편이다.

2009년 보건복지부와 한국보건의료연구원이 공동으로 실시한 한국 의료기관의 연명의료 실태 조사 결과, 256개의 의료기관에서 약 1,500명의 회생 가능성이 없는 환자가 인공호흡기를 포함한 연명의료 장치에 의존하여 생을 이어갔다.[18] 그러나 최근 몇 년간 연명의료에 대한 인식과 실제 선택에는 변화의 조짐이 보인다.

보건복지부에 따르면, 2023년 10월 기준으로 사전연명의료의향서 작성자가 200만 명을 넘어섰다. 연명의료 중단을 이행한 환자 수 또한 2019년 48,238명에서 2023년 70,720명으로 약 46.6% 증가했다. 국회에서 발표된 보건복지부의 '연명의료결정제도 현황' 자료를 살펴보면, 2023년 7월 말 기준 연명의료 중단 이행 건수가 총 29만 7,313건을 기록했다. 특히, 환자 본인의 의사에 따른 연명의료 중단 비율은 같은 기간 35.6%에서 45%로 상승하여, 자기결정권에 대한 존중이 확대되고 있음을 알 수 있다.

그럼에도 실제 의료 현장에서 연명의료에 대한 집착이 만연하고, 일부 환자와 가족들은 생명 연장을 위해 적극적으로 연명의료를 선택하고 있다. 이 같은 문제를 해소하기 위해 정부는 2024년부터 2028년까지 제2차 호스피스·연명의료 종합계획을 수립하여, 호스피스 전문기관을 현재의 두 배로 확대하고 이용률을 50%까지 높이는 것을 목표로 하고 있다.[19]

–✧–

2024년 현재, 대한민국의 인구는 약 5,170만 명으로 연간 약 30만 명 이상이 사망하고 있다. 매년 100만 명에 가까운 신생아가 태어나던 1950년대부터 1980년대 중반과는 달리, 2020년대 출생아 수는 20만 명대를 간신히 유지하는 실정이다.

통계청은 한국의 연간 사망자 수가 2030년 40만 명을 넘어 2070년에는 70만 명에 이를 것이라 전망한다. 이는 2020년 대비 약 2.3배 증가한 수치로, 인구구조가 빠르게 초고령 사회로 전환되고 있음을 보여준다. 젊은 세대는 점점 줄어들고, 노인 인구가 대다수를 차지하게 될 이 같은 인구구조와 의료 환경을 고려하면, 지금과 같은 집착의료가 현실적으로 가능할지는 의문이다.

현재 거동이 불편한 말기 환자를 돌보기 위해 드는 간병비는 한 달에 300만 원 이상으로, 연간 3,600만 원 이상이 소요된다. 이는 대부분 가족에게 전가되며, 직장생활을 위해 간병인을 고용해야 하는 경우 역시 돌봄 비용은 많은 가정에서 부담스러운 수준이다. 그럼에도 한국 사회에서 돌봄의 책임은 여전히 가족에게 집중되어 있으며, 간병비 지원은 턱없이 부족하다. 간병비 부담은 사회적 문제로 확산되고 있지만, 이를 체계적으로 해결하기 위한 시스템은 미비하다.

이제는 생명 연장만을 목표로 하는 집착의료에서 벗어나, 적절한 시기의 연명의료 중단과 완화의료를 적극적으로 활용할 수 있는 사회적 체계가 필요하다. 완화의료는 말기 환자의 삶의 질을 중시하며, 고통을 줄이고 편안한 여생을 보낼 수 있도록 돕는다. 이는 환자와 가족 모두에게 더 나은 선택이 될 수 있다.

현재 한국의 연명의료결정법은 임종 과정의 환자에게만 적용하고 있다. 이는 말기 환자를 대상으로 연명의료 결정을 허용하는 다른 나라의 법적 체계와는 대조적이다. 이 같은 제한은 환자와 가족의 선택권을 제약하며, 연명의료와 관련된 논의를 더욱 복잡하게 만든다.

아직 한국 사회는 안락사에 대한 논의를 본격적으로 시작하지 못했다. 그러나 초고령 사회로 진입하는 상황에서 의사조력 사망과 자발적 안락사를 포함한 깊은 사회적 논의가 필요한 실정이다. 의료 서비스의 방향성에 대한 재정립, 연명의료 중단의 활성화, 완화의료 체계 확립은 물론, 안락사의 도입에 대한 신중하고 깊이 있는 사회적 논의가 이제는 피할 수 없는 현실이 되었다.

존엄한 삶의 마무리를 위해, 돌봄과 의료 체계의 전반적인 재구축이 필요하다. 단순히 법적 제도를 마련하는 것을 넘어 사회적 인식 변화도 함께 이루어져야 할 것이다. 생의 마지막 순간까지 인간의 존엄성과 삶의 질을 보장하는 체계를 갖추는 것, 그것이 진정한 웰다잉 사회로 가는 길일 것이다.

그는 아내를 죽인 것인가 / 혹은 도운 것인가

집값이 비싼 동네의 아파트 단지에 갑자기 사이렌 소리가 울려 퍼졌다. 주민들은 응급 환자가 발생한 것으로 생각하고 밖을 내다보았으나 이윽고 경찰차가 같이 출동한 것을 보고 깜짝 놀랐다. 10분 전 남편이 아내를 죽였다는 신고로 119와 경찰차가 아파트에 신속하게 도착한 것이다.

남자는 누구나 부러워하는 전문직이었다. 대학을 졸업하고 정신없이 20대를 보내면서 경력을 쌓다가 서른을 갓 넘겼을 무렵, 이직하면서 만나게 된 직장에서 싱그러운 20대 여성을 만나 사랑에 빠졌다. 남자가 몇 달이고 데이트 신청을 하고 정성을 들이는 과정에서 여성도 그의 진심을 알게 되었다. 둘은 결국 모든 사람의 축복 속에 결혼하게 되었다.

결혼 생활은 행복하고 서로에게 만족스러웠다. 아내는 둘만의 인생도 괜찮지 않느냐고 그를 설득해 아이를 가지지 않기로 결정했다. 부부는 다양한 취미와 즐거움을 찾아 공유했다. 둘은 죽음이 갈라놓을 때까지 행복할 것으로 생각했다.

그 후 20여 년이 지난 어느 날이었다. 아내에게 오른쪽 가슴이 자꾸 콕콕 쑤시며 기침이 나오는 증상이 반복되었다. 아내는 자신의 건강 상태를 늘 자부했지만 이번만큼은 뭔가 석연치 않아 검진을 받았다. 보통은 우편으로 받는 건강검진 통보인데 검진 후 일주일이 지나 의사에게 전화가 왔다. 폐에 큰 종괴가 있는데 상태가 안 좋으니 대학병원에 가보라는 다급한 목소리였다.

아내는 대학병원에서 의사를 만나 폐의 종괴가 악성 종양, 즉 암이며 이미 3기 이상 진전이 되었다는 청천벽력 같은 소식을 들었다. 그 소식을 듣던 남편은 아내의 손을 꼭 쥐고 언제나 그렇듯이 힘을 합해 이겨내자고 그녀를 응원했다.

수술과 함께 진행된 항암 치료는 그녀의 몸과 마음을 지치게 했으나 남편 덕분에 극복할 수 있었다. 그녀의 암은 사라진 듯

보였다. 하지만 이후 몇 차례나 재발했고 그때마다 약을 바꿔가며 항암 치료를 받았다. 그 독한 약이 효과를 보는 것이 떨어지기 시작하며, 5년의 세월이 흘렀다. 엎친 데 덮친 격으로 그녀에게 파킨슨병이라는 진단과 뇌전증(과거 간질이라고 불렸던 뇌의 전기적 신호에 의한 경련이 특징인 질병)이 발생하며 그녀는 일상생활을 하기 어려워졌다.

남편은 이대로 아내를 보낼 수 없었다. 비쩍 마르고 병색이 완연한 그녀를 다독이고 위로하며 그 힘든 항암 치료를 할 때마다 곁에 있었다. 그럼에도 아내의 병은 악화하였고 전신으로 암이 퍼져 나가기 시작했다. 그녀는 종일 침대에 누워 있다가 잠시 움직일 정도로 쇠약해졌다. 남편이 가장 참을 수 없는 것은 그녀의 암성 통증이었다. 통증은 돌발적으로 발생했다. 펜타닐 패치를 붙이고 각종 마약성 진통제를 때려 부어도 참을 수 없는 지경에 이르렀다.

어느 날 남편은 아내를 고통에서 벗어나게 해주고, 자신도 아내의 뒤를 따라가기로 결심했다. 아이들도 없고 자신의 인생 전부를 그녀와 함께했기 때문에 후회하지 않을 것 같았다. 고통에 혼미한 상태의 아내를 바라보다 부엌에서 비닐 랩을 가져와 아내의 얼굴에 씌웠다. 그는 그녀의 얼굴을 볼 수 없었다. 베개를 대고 가슴에 올라타 지그시 누르기 시작했다. 그녀가 호흡할 수 없게 되자 간헐적으로 움찔대며 힘없이 버둥댔다. 남편은 베개를 더욱 강하게 눌렀다. 몇 분이 흐르자 아내의 움직임이 사라졌다. 아내의 얼굴은 생각보다 평안해 보였다.

그는 생을 마치고자 한강에 뛰어들기로 마음먹었다. 집에서 한강까지 터덜터덜 걸음을 옮기던 중 마지막으로 연로한 어머니의 목소리가 듣고 싶어졌다. 아버지가 돌아가신 후 꿋꿋하게 살아가면서도 늘 자식 걱정만 하는 어머니를 홀로 둘 수 없다는 생각이 불현듯 들었다. 이내 그는 어머니와 통화를 했다. 며느리를 돌보는 아들 걱정으로 가득한 어머니였다. 남자는 어머니의 목소리를 듣자니 도무지 죽을 수가 없었다. 그는 마음을 고쳐먹고 경찰에 전화를 걸어 자신이 아내를 죽게 했다고 자백했다.

검찰은 난감했다. 그녀의 가슴에는 폐에서 기원한 샘암종이 곳곳에 퍼져 있었다. 얼굴에서는 오른쪽 이마 부위의 피하출혈과 입안 오른쪽 구강 점막 내 치아에 의해 씹힌 손상 외에 질식에서 보이는 점출혈이나 울혈 등의 흔적이 없었다. 남편의 진술

삶의 결정권이 손에 쥐어질 때,

우리는 어떤 선택을 할 수 있을까.

은 자신이 아내를 죽게 했다고 하나 객관적 근거가 명확하지 않았다.

사실 코와 입을 막아서 질식에 이르게 하는 경우, 손으로 막으면 턱이나 코와 입 주변에 피하출혈과 표피박탈 또는 손톱자국이 있거나 구강점막에 손상이 관찰될 수 있다. 하지만 부드러운 물체로 코와 입을 막으면 일반적인 질식사 소견 외에 다른 손상 소견이 관찰되지 않는 경우가 많다.

코와 입막음을 사망 원인으로 진단하려면 질식사에 해당하는 부검 소견이 있어야 한다. 달리 사망 원인이 될 만한 소견이 없었으므로 주검이 발견된 상황을 고려해 판단하게 된다. 폐암 말기로 파킨슨병과 뇌전증이 병발하여 전신 상태가 쇠약해진 악액질惡液質 신체 상태에서, 비닐 랩을 이용해 베개로 코와 입을 막은 경우에는 얼굴에 손상이 관찰되지 않을 수 있다. 다만 코와 입이 막혀 질식으로 사망하게 되는 경우, 질식사의 통상적 소견이 보일 수 있다.

아내가 간과 신장에서 울혈 소견을 보이고 유동성 혈액이 보이는 점과 남편의 진술을 함께 고려한다면 코와 입막음, 즉 비구폐색 질식사로 진단할 수 있다고 검찰에 조언할 수밖에 없었다.

법의학 교과서에서는 질식에서 일혈점, 즉 점출혈은 대개 눈꺼풀 결막과 구강 점막에서 관찰된다고 기술되어 있는데, 이는 대개 목을 조르는 경우 머리의 정맥 압력이 증가하면서 세정맥과 모세혈관의 출혈로 발생한다. 이 사건의 경우, 코와 입을 막았을 때는 머리 부위의 정맥 압력이 증가하지 않을 수 있기 때문에 눈꺼풀 결막과 구강 점막 등에 일혈점이 보이지 않을 수 있다. 또한 아내의 폐와 가슴막 안쪽 여러 곳에서 뇌전증 유발 원인으로 보이는 폐암의 뇌 연수로 전이가 관찰되었다. 일반적인 질식 시간보다 짧은 시간 내에 사망할 수 있어, 눈과 구강 점막 내에 점출혈이 발생하지 않았을 것이라고 의학적 설명을 제시해주었다. 결국 아내의 사인을 코와 입막음에 의한 질식 사망으로 판단하였다.

법의학자로서 부검과 그에 따른 소견을 설명해주었지만, 남편이 처음부터 '아내가 병으로 사망했다'고 신고했다면 어떻게 되었을까 하는 의문이 든다. 만약 그랬더라면 나와 같은 법의학자가 이를 살펴보지 않았을 테고, 아내의 병이 위중한 상태임을 고려해 자연스럽게 병사로 진행되지 않았을까 싶기 때문이다.

사람들은 안락사와 의사조력 사망에 대해 어떻게 생각할까? 서울대병원 가정의학과 윤영호 교수팀이 2021년 3월부터 4월까지 19세 이상 대한민국 국민 1,000명을 대상으로 진행한 조사에 따르면, 안락사 혹은 의사조력 사망에 대한 찬성 비율은 76.3%로 높았다.[20]

찬성의 이유로는 남은 삶의 무의미(30.8%), 좋은(존엄한) 죽음에 대한 권리(26.0%), 고통의 경감(20.6%), 가족 고통과 부담(14.8%), 의료비 및 돌봄으로 인한 사회적 부담(4.6%), 인권보호에 위배되지 않음(3.1%) 등이 있었다. 물론 반대의 이유도 있다. 생명존중의 가치(44.3%), 자기결정권 침해(15.6%), 악용과 남용의 위험(13.1%) 등이 거론되었다.

이 외에도 2023년 7월 한 신문사와 한국사회여론연구소가 전국 만 19세 이상 남녀 1,000명을 대상으로 한 여론조사에 따르면, 81%가 의사조력 사망 도입에 찬성한다고 답했고, 6.7%는 반대했으며 12.3%는 잘 모르겠다고 응답했다.[21] 이는 2021년 조사보다 찬성 비율이 더 높아진 결과로, 안락사와 관련된 논의가 점차 사회적 공감을 얻어가고 있음을 보여준다.

매우 동의하지 않는다
2%

동의한다
14.4%

동의하지 않는다
21.7%

매우 동의한다
61.9%

안락사 및 의사조력 사망 합법화에 대한 참가자의 태도

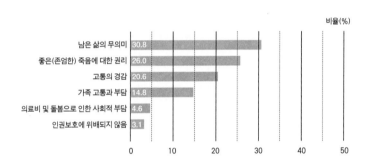

비율(%)

남은 삶의 무의미	30.8
좋은(존엄한) 죽음에 대한 권리	26.0
고통의 경감	20.6
가족 고통과 부담	14.8
의료비 및 돌봄으로 인한 사회적 부담	4.6
인권보호에 위배되지 않음	3.1

안락사 및 의사조력 사망 찬성 이유

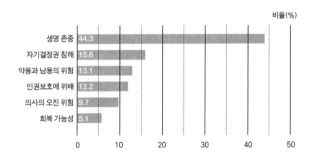

비율(%)

생명 존중	44.3
자기결정권 침해	15.6
약용과 남용의 위험	13.1
인권보호에 위배	12.2
의사의 오진 위험	9.7
회복 가능성	5.1

안락사 및 의사조력 사망 반대 이유

2018년 5월 10일, 호주 에디스 코완 대학교의 명예교수 데이비드 구달David Goodall 박사는 104세의 나이에 스스로 죽음을 선택했다. 안락사가 금지된 호주를 떠나 스위스로 향한 것이다.

구달 박사의 임종은 안락사 조력단체 '엑시트 인터내셔널'의 설립자, 필립 니츠케Philip Nitschke를 통해서 진행되었다. 그는 주사기에 연결된 밸브를 직접 열어 자신의 의지로 생을 마감했다. 그리고 "내 삶의 마무리를 스스로 결정할 수 있어 행복하다"라고 말했다. 이는 많은 사람들에게 '좋은 죽음'이란 무엇인지, 생의 마지막까지 존엄성을 유지할 권리와 죽음의 질에 대해 고민하는 계기를 주었다.

앞서 언급한 브리트니 로렌 메이너드의 사례도 상기할 만하다. 2014년 뇌종양 말기 진단을 받은 그녀는 의사조력사망법이 시행되는 오리건주로 거주지를 옮겨, 사랑하는 가족이 지켜보는 가운데 존엄하게 죽음을 맞이했다. 특히 자신의 죽음을 유튜브를 통해 전 세계적으로 알렸는데, 이는 의사조력사망법 도입 논의에 중요한 촉매제가 되었다.

결국 '어떻게 사느냐'만큼이나 '어떻게 죽느냐'도 중요하다. 구달 박사와 메이너드의 사례는 삶의 질만큼 죽음의 질도 중요한 문제임을 확언해준다.

안락사에 대한 치열한 논의는 계속해서 진행되어야 한다. 앞서 인용한 한국의 여론조사 결과는 많은 국민이 죽음의 과정에서 자기결정권을 보장받기를 원하며, 무의미한 생명 연장보다 존엄한 죽음을 선택하고자 한다는 점을 시사한다. 하지만 현재 한국의 연명의료결정법은 임종 과정에 있는 환자들에게만 적용되며, 안락사와 의사조력 사망은 논의조차 본격적으로 이루어지지 않고 있다. 인구 고령화와 연명의료에 대한 과도한 집착으로 인한 사회적·경제적 부담을 고려할 때, 더 이상 미룰 수 없는 문제이다.

인간으로서의 품격과

존엄성을 간직하며

생을 마무리한다는 것,

결국 '어떻게 사느냐'만큼이나

'어떻게 죽느냐'도 중요하다.

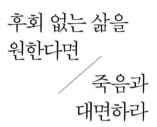

후회 없는 삶을
원한다면
죽음과
대면하라

삶이 영원하지 않다는 것을 자각하는 순간, 우리는 시간의 유한함과 생의 소중함을 더욱 깊이 느낄 수 있다. 죽음은 우리가 싸워야 할 대상도, 두려워해야 할 존재도 아니다. 그것은 삶의 여정을 따라 자연스럽게 찾아오는 손님처럼, 살아가다 죽음을 맞이하는 것은 모든 생명의 순리이다.

그러나 예기치 못한 질병이나 사고로 갑작스럽게 죽음을 마주하게 된다면, 우리의 일상은 마비 상태에 빠질 수 있다. 모든 것이 멈추고, 존재의 위기를 느끼며 혼란과 후회 속에서 시간을 흘려보낼지도 모른다. 아무런 준비 없이 맞이한 죽음은 지금까지 독립적이고 소중하게 가꿔온 삶의 마지막을 어지럽게 만들 수 있다. 어쩌면 마지막 순간, 마음속 깊은 한을 남기며 세상을 떠나게 될지도 모른다.

그렇다면 우리는 무엇을 준비할 수 있을까? 죽음을 준비하는 과정은 삶의 후회를 줄이고 삶의 의미를 재발견하며 사랑하는 이들을 위한 일이다. 그 시작점으로 '나만의 엔딩 노트 작성'을 권한다.

엔딩 노트는 몇 년 전부터 일본 내에서 유행해온 '종활'이라는 의미의 신조어 '슈카스終活', 즉 일본 노인들이 인생의 황혼을 충실하게 마무리하기 위해 벌이는 죽음 준비 활동의 하나로 알려져 있다. 독신 노인의 장례 절차와 유품 처리, 유언 등을 적는 공책이자 임종 노트인 셈이다. 자신의 죽음에 대해 다시 생각하고 차근차근 준비한다는 점에서 의미 있다.

엔딩 노트는 꼭 죽음을 떠올릴 때만 작성할 필요가 없다. 막연한 불안에 마음이 괴로울 때, 부정적인 생각이 머릿속을 가득 채울 때, 혹은 지금까지의 삶이 하찮게 느껴질 때에도 엔딩 노트는 자신을 되돌아보고 앞으로의 삶을 설계하는 도구가 될 수 있다.

엔딩 노트를 쓰는 과정은 단순히 죽음을 준비하는 것을 넘어, 남은 인생을 더 의미 있고 소중하게 만드는 여정과 다름없다. 자신의 삶에서 중요했던 기억, 고마운 사람들, 남기고 싶은 메시지, 앞으로의 목표 등을 적다 보면 인생의 소중한 순간들과 더 깊이 연결될 수 있다. 나아가 삶이 부질없게 느껴질 때, 살아온 여정을 정리하며 삶의 의미를 되찾게 해준다. 나이가 들어 죽음에 점점 가까워질수록, 이 노트는 단순한 기록을 넘어 한 사람의 인생을 드러내고, 사랑하는 사람들에게 마음을 전하는 다리가 되어줄 것이다.

죽음을 준비하는 것은 끝을 계획하는 것이 아니다. 그것은 삶을 더 충실하게 살기 위한 다짐이자 생의 매 순간을 음미하게 만드는 과정이다. 죽음과 함께 살아간다는 것은 곧, 오늘을 더욱 사랑하고 내일을 준비하며, 지금 이 순간을 살아가겠다는 의지의 표현이다. 그것이 우리가 남은 생을 진정으로 사랑하는 방법이다.

세 번째 노트 ——————————————————————————

─────────────── 삶을 기록하는 작업

지혜로운 사람에게는 삶 전체가
죽음에 대한 준비다.

_키케로

유언

생의 마지막
말에
삶이
깃든다

연말이 되면 많은 사람들이 다이어리를 구매한다. 다가올 날에 희망찬 일이 일어나기를 기대하는 마음으로, 올해보다는 더욱 풍성해질 내년을 바라는 마음으로 유심히 다이어리를 고른다. 새로운 다이어리를 사는 행위는 곧 내년을 위한 준비이다. 이제 '하루' 단위로 생성되는 에피소드와 그날그날의 의미 있는 생각이 고스란히 다이어리에 담길 것이다. 그렇게 다이어리에 기록된 일기는 차곡차곡 쌓여 한 사람의 역사가 된다. 계속 이어질 것 같은 내일, 예정된 미래가 있을 때 '일기'는 빛을 발한다.

생전에 자신을 기록한다는 것은

지나온 삶을 정리하고 성찰하는 시간이자

사랑하는 이들에게

못다 한 이야기를 전할 수 있는

소통의 창구가 될 수 있다.

하지만 만일 갑작스럽게 죽음을 맞이하게 된다면 다이어리에 무엇을 쓸 수 있을까? 내일이 없는 삶을 앞두었기 때문에 이제는 미래를 위한 모든 것을 계획할 수 없다. 이미 계획해두었던 것들도 수포가 될 수밖에 없는 상황이다. 살아온 삶을 촘촘히 되돌아보기에도 막막하다. 의미 있는 성찰을 해야 한다는 압박에 사로잡혀 얼마 남지 않은 시간을 흘려보낼지도 모른다.

그렇기에 생전에 '자신'을 기록한다는 것은 상당히 중요한 의미를 지닌다. 지나온 삶을 정리하고 성찰하는 시간이자, 사랑하는 가족과 지인들에게 메시지를 전할 수 있는 소통의 창구이기 때문이다. 하지만 죽음에 대해 아무런 준비가 되어 있지 않다면 그저 먼 산만 바라보며 야속한 세월을 탓할 확률이 높다.

죽음이 임박했을 때의 준비, 죽음 이후의 나와 남겨진 사람들을 위해 필요한 것들이 있다. 우리가 '유언', '유서'라고 부르는 것들이 그렇다.

국립국어원의 표준국어대사전에 따르면 유언은 "죽음에 이르러 말을 남김. 또는 그 말"을 뜻한다. 법률에서는 자기의 사망으로 인해서 효력을 발생시킬 것을 목적으로 행하는 단독 의사표시로, 만 17세 이상이면 누구나 할 수 있으며 유언의 방식으로는 "자필증서(유서), 녹음, 공정증서, 비밀증서, 구수증서 따위가 있다"라고 명시되어 있다.

하지만 '죽음에 이르러 말을 남김'이라는 뜻은 여러 의미로 생각해볼 수 있다. 가장 먼저 유언은 경제적 상속과 밀접한 것으로 생각하기 쉽다. 뉴스에서는 대기업 총수가 죽고 난 뒤 자녀들끼리 재산 분쟁을 하는 모습을 심심치 않게 볼 수 있고, 드라마의 단골 소재로도 상속과 관련한 에피소드가 빈번하게 다뤄진다. 그래서 우리는 유언을 재산 상속의 근거로 여기고, 경제적인 의미에 큰 비중을 둔다.

조선시대에는 재산의 주인이 자녀를 비롯한 가족에게 재산을 상속하거나 분배한 내용을 담은 '분재기'라는 상속 문서가 있었다. 흔히 떠올릴 수 있는 유언의 개념과 비슷하다. "내 재산의 일부는 □에게, 이 빌딩은 ◇한테 주고, 저 빌딩은 ○한테 주어라"라며 재벌가에서, 부자들이 가끔 유산 상속을 두고 많이 싸우지 않는가. 오히려 조선시대에는 재산 상속 문서가 있어 상속자의 분쟁을 막을 수 있었다.

조선시대의 상속은 대개 아들을 중심으로 이루어진 게 아닌가 생각할 수 있겠다. 하지만 고려시대와 조선시대 초중기만 하더라도 남녀 구분 없이 '유산인 노비와 그 다른 재산도 균등하게 분배해라'라고 기록되어 있고, 시집온 여자가 자식 없이 죽었을 때는 여자의 재산을 친정에 돌려주는 등 적절한 재산의 분배 방식이 통용되었다.

실제로 율곡 이이 집안의 유산에 관한 기록 「이이 남매 화회문기李珥 男妹 和會文記」를 보면, 각종 제사를 위한 토지와 노비를 배정하고, 나머지를 4남 3녀와 서모庶母, 아버지의 첩 권 씨에 배당한 토지와 노비 등을 구체적으로 적은 다음, 끝에 문서 작성에 참여한 사람들의 이름과 수결(지금의 서명)을 표시하였다. 보물 제477호로 지정된 이 기록은 재산을 어떻게 공평하게 나눌 것인지, 제사를 어떻게 공평하게 진행할 것인지 등의 내용을 포함하고 있다. 무엇보다 이 시대 사람들의 가치를 엿볼 수 있는 자료라고 할 수 있다.

로마 시대에는 유언의 상속 개념과 관련된 유명한 에피소드가 있다. '쿠리우스의 송사訟事'라고 알려진 사건이다. 로마 공화정 후기, 코페니우스라는 사람이 막대한 토지를 상속하기 위해 유언장을 작성했는데, 아직 태어나지도 않은 아들을 상속인으로 지정한 것이다. 코페니우스가 아들을 낳지 못하고 사망하자 상속 문제가 발생하게 되었다.

당시 로마에서는 유언장이 엄격한 형식을 갖춰야만 인정되었기 때문에, 이 사건을 계기로 로마공화정 후기의 재판기관인 백인심판소까지 가게 되었다. 이처럼 로마 시대의 유언은 대를 이어 경제적 부를 유지하는 핵심 수단이자 상속인을 지정하는 것이 유언장의 핵심이었다. 당대 로마인에게 유언장은 재산 분배를 명확하게 하는 문서 이상으로 사회적 지위, 법률 체계의 발전에 깊이 관여하는 중요한 제도였다.

대한민국 민법에서는 다섯 가지 방식으로 유언의 효력을 인정하고 있다. 각각의 방식은 특정한 요건과 절차를 요구하며, 유언의 진정성을 보장하기 위해 이를 준수해야 한다.

첫 번째는 '자필증서에 의한 유언'으로, 유언자가 유언의 내용 전체를 손으로 직접 작성해야 한다. 유언장에는 연월일, 주소, 성명도 포함해야 하며, 마지막에는 도장을 찍어야 한다. 타인이 대신 작성하거나 컴퓨터로 작성한 유언은 법적으로 효력이 없다. 복사본 또한 인정되지 않는다. 도장은 인감도장뿐 아니라 손도장(지장)도 가능하다. 간단한 방식이지만 요건을 제대로 갖추지 않으면 무효가 될 수 있다.

두 번째는 '녹음에 의한 유언'으로, 유언자가 자신의 유언 내용을 말로 녹음 장치에 남기는 방식이다. 유언의 내용뿐 아니라 성명과 연월일도 구술해야 한다. 증인 한 명 이상이 유언 내용을 들어야 하고 증인은 유언 내용의 정확성을 증명하며 자신의 성명도 녹음에 포함해야 한다. 이 녹음은 법적 확인을 필요로 하며, 문서 작성을 할 수 없는 상황에서 적합한 대안이 될 수 있다.

세 번째는 '공정증서에 의한 유언'이다. 공증인의 면전에서 유언자가 자신의 유언 내용을 구술하면, 공증인이 이를 필기하고 낭독하는 것이다. 공증인은 법무부장관의 임명을 받은 공적 문서를 작성할 자격이 있는 사람을 말한다. 유언자와 증인 두 명이 내용을 확인한 후, 서명하거나 날인하면 유언이 완료된다. 이 방식은 유언의 진실성을 보장하고 법적 분쟁을 방지하는 데 효과적이다.

네 번째는 '구수증서에 의한 유언'이다. 병이나 긴급한 상황에서 다른 방식의 유언을 사용할 수 없을 때만 인정된다. 유언자는 증인 두 명 이상 앞에서 유언 내용을 말하고, 증인 중 한 명이 이를 기록해 낭독한다. 유언자와 증인들이 내용을 확인한 후 서명하거나 날인한다. 유언자가 사망한 후에는 긴급 상황 종료일로부터 7일 이내 법원에 검인을 신청해야 한다. 긴급 상황에서 유언자의 의사를 반영할 수 있는 방식이다.

다섯 번째는 '비밀증서에 의한 유언'으로 유언 내용을 비밀로 유지하고 싶을 때 사용하는 방식이다. 유언자는 유언의 취지와 성명을 기입한 문서를 작성하고 이를 봉투에 넣어 봉인한다. 이후 증인 두 명 앞에서 해당 문서가 자신의 유언장임을 밝히고, 봉투 표면에 제출 날짜를 기재한 뒤 유언자와 증인들이 서명하거나 날인한다. 봉투는 작성된 날로부터 5일 이내 공증인이나 법원 서기에게 제출해 확정일자를 받아야 효력을 갖는다. 유언 내용을 비공개로 유지하면서도 법적 효력을 보장받을 수 있다. 이렇듯 상황에 맞는 방식을 선택하고 절차를 충실히 따르면 법적으로 효력을 얻을 수 있다.

한국 사회에서 '노화'를 이야기할 때 은퇴 자금에 대한 내용이 빠지지 않듯이, 유언을 이야기할 때 경제적 상속에 대한 내용은 빠질 수 없다. 그만큼 유언은 우리 사회에서 오랫동안 재산 분배 중심으로 다뤄져왔다. 하지만 경제적 상속 이상의 가치를 품은 유언은 삶의 이야기와 가치를 전하는 중요한 매개체다.

유언은 떠나는 이의 마지막 메시지를 담는다. 단순히 물질적 상속을 넘어, 유언은 그 사람이 중요하게 여긴 가치와 철학, 그리고 사랑하는 사람들에게 남기는 마지막 소통의 매개체가 될 수 있다. 유언은 떠난 이의 삶과 신념을 간직한 기록이며, 이를 통해 남겨진 사람들은 고인의 진심과 뜻을 이어갈 수 있다.

후회 없는
삶을
살고
있나요?

매주 죽은 사람을 만나는 법의학자로서, 또 학교에서 학생들을 가르치고 학문을 연구하는 교수로서 위대한 업적을 남긴 학자, 작가 또는 예술가의 마지막 유언을 살펴보는 일이 더러 있다. 그들의 마지막 말에는 대개 그의 일생이 담겨 있으며, 그 사람의 성향과도 많은 부분이 닮아 있다.

예컨대 예수는 골고다 언덕에서 십자가에 못 박히는 박해를 당하면서, "다 이루었다"라는 말씀을 남겼다. 이 간결한 문장은 기독교의 핵심 교리를 상징한다. 예수는 인류의 원죄를 씻고 구원의 길을 열기 위해 자신의 생명을 희생했으며, 그 과업을 완수했음을 선언했다. 그의 유언은 기독교 신앙인들에게 삶의 목적과 구원의 의미를 일깨우며, 자신의 삶과 사명을 완벽히 이루고 떠난 존재라는 것을 기억하게끔 만든다.

"태어나는 모든 것은 결국 소멸한다. 게으르지 말고 부지런히 정진하라"는 고타마 싯다르타의 유언으로, 부처가 제자 아난타에게 남긴 말이다. 부처의 유언에서 '결국 소멸'한다는 것은 유기물인 우리가 결국엔 흙으로 돌아간다는 의미로 볼 수 있다. 그럼에도 '게으름을 피우지 않고 끝까지 정진하라'는 메시지는 '지금의 유한한 삶이 소중하다면 이 삶을 충실하게 보내라'는 뜻으로 해석될 수 있다. 부처의 가르침은 삶의 허무함을 넘어, 인간 존재의 소중함과 성장을 위한 끊임없는 노력을 상기시키며 그의 철학적 사유를 압축적으로 보여준다.

예수와 부처가 남긴 마지막 한마디는 '이분들이 일평생 노력했던 말들을 우리에게 유언이란 형식으로 전한 것이 아닌가?' 하는 질문을 준다. 이들의 유언은 삶과 가르침을 집약적으로 보여주며, 종교적 가치를 간결하게 내포해 많은 종교인에게 삶의 방향성을 제시해준다.

세상의 권력을 가졌던 이들의 마지막 말을 살펴보자. 권력자의 유언은 종교 창시자와 달리 자신의 욕망에 대한 허무함과 안타까움, 그들이 품고 있던 이상을 고스란히 드러낸다.

첫 번째 인물은 로마 황제 시저, 율리우스 카이사르이다. 로마의 황제정은 풍운아 율리우스 카이사르에 의해 만들어졌다고 해도 과언이 아니다. 그는 울분에 찬 말을 남겼다. 공화정을 유지하는 로마에서 카이사르가 갑자기 1인 독재체제로 황제를 만들려고 하니 많은 사람들이 그에게 반대할 수밖에 없었던 상황이었다.

카이사르는 암살을 당하게 되는데, 자신의 의붓아들이라고 여긴 브루투스가 가담한 것을 알게 된다. 그리고 "브루투스, 너마저도……"라는 유언을 남기게 된다. 두 성인의 유언과 비교하면, 그의 마지막 말이 비극적으로 느껴진다. 믿었던 사람에게, 그것도 생의 마지막에 배신을 당했으니 말이다. 그가 살아 있을 때 누렸던 권력과 명예의 끝이 유언으로 인해 더욱 허무하고 비참하게 느껴진다.

두 번째 인물은 하층민으로 태어나 일본 전국시대의 군사 지도자로, 우리의 입장에서 원수라고 볼 수 있는 도요토미 히데요시이다. 그는 하급 무사 출신으로 일본을 통일한 뛰어난 정치가이자 대륙 침략의 야욕으로 동아시아 정세에 큰 변화를 불러온 인물이다.

숱한 전쟁을 일으켜 많은 것을 이루고자 한 이 침략자는 말년에 후계자인 아들 히데요리를 위해 권력 기반을 유지하려 했으나, 정치적 불안과 건강 악화로 힘을 잃었다. 그는 1598년 죽음을 앞두고 다음과 같은 말을 남겼다. "이슬처럼 떨어지고 이슬처럼 사라지는 나의 몸이여! 나니와(오사카)의 일들은 꿈속의 또 다른 꿈일 뿐이라."

도요토미 히데요시의 유언을 들었을 때, '이 사람의 마지막은 굉장히 허무했구나'라는 생각이 들었다. 인생의 덧없음과 세상의 무상함이 절실히 느껴진다. 자신의 권력과 영광이 결국 한낱 꿈에 불과하다는 것을 깨닫고, 삶의 무상함과 인생의 덧없음을 한탄하며 떠났음을, 그의 야망과 이루지 못한 꿈에 대한 아쉬움이 고스란히 전해진다.

반면 그와 같은 해에 세상을 떠난 구국의 영웅 이순신 장군은 생의 끝에서 이렇게 말했다. "나의 죽음을 알리지 마라." 이 유언은 단순하지만 매우 깊은 의미를 내포하고 있다. 이순신 장

삶을 매듭 짓는 마지막 한마디가
그가 삶과 맺은 관계를 성찰하게 해준다.

군은 전투 중 적의 총탄에 맞아 중상을 입은 상황에서도 나라와 군사들을 걱정하며 끝까지 전투를 이어가야 한다는 책임감에서 유언을 남겼을 것이다.

이순신 장군의 유언은 숭고한 희생정신을 상징한다. 그는 개인의 안위를 넘어, 나라의 존망을 위해 생애 마지막 순간까지 리더십과 군인으로서 책임감을 가지고 헌신하였다. 이순신 장군의 사명감이 절절히 드러난다.

세 번째 인물은 유럽을 제패했던 보나파르트 나폴레옹이다. 그는 워털루전투에서 영국에게 패한 이후로 세인트헬레나섬에서 유배를 당한 뒤 여러 고초를 겪다가 1821년 사망했다. 그의 유언은 "프랑스, 군대, 선봉, 조세핀……"으로 알려져 있는데, 죽음의 문턱에서 나폴레옹이 떠올린 단어들은 그에게 중요한 것이 무엇이었는지를 직관적으로 보여준다.

나폴레옹은 죽음의 순간, 자신의 조국 '프랑스'를 가장 먼저 떠올렸다. 프랑스혁명 이후 혼란을 수습하고 제국을 건설하며 프랑스를 유럽 강대국으로 만든 나폴레옹의 업적은 그의 정체성과 깊이 연결되어 있다. 그의 유언에서 '프랑스'는 조국에 대한 헌신과 사명감을 상징한다고 볼 수 있다. '군대'와 '선봉'은 평생 최전선에서 싸운 군인으로서의 정체성을 보여준다. '조세핀'은 나폴레옹이 사랑한 여인의 이름으로 그가 마지막 순간, 그녀에게 전하고 싶었던 사랑의 마음이 느껴진다.

네 번째 인물은 미국 독립의 아버지 조지 워싱턴이다. 조지 워싱턴은 1799년 12월 14일, 인후염으로 목숨을 잃었다. 그는 자신의 임종을 준비하면서도 침착함을 유지했고, 장례 절차에 대한 지침을 남기며 주변 사람들을 안심시켰다. 그리고 "잘 되었다Tis well"라는 말을 마지막으로 남겼다. 위대한 업적을 이룬 한 나라의 지도자의 유언이라고 받아들이기에는 뜻밖의 말이라고 생각된다.

하지만 다시금 살펴보면, 그가 자신의 죽음을 평온하게 받아들인 것처럼 느껴진다. 'Tis well'이라는 말 자체가 이 세상을 떠나는 과정에 대해 만족과 안정을 보여주는 듯하다. 조지 워싱턴은 죽음을 앞두고 삶을 회고하면서 자신이 할 수 있는 모든 것을 다했다는 자부심과 함께, 남은 이들을 위해 안도감을 전달하고자 한 것은 아니었을까. 생전에 신앙심이 깊고 죽음에 대해 담담한 태도를 보였던 것으로 알려져 있는 사실로 추정해본다면, 조지 워싱턴의 유언은 그의 삶을 넘어서는 존재에 대한 믿음과 평온함을 반영하는 것이리라.

과학자와 예술가는 언뜻 다른 분야에서 각자의 일을 하는 것 같지만 이들은 기존의 틀에서 벗어나 새로운 아이디어와 접근 방식으로 자신의 분야에서 혁신을 추구한다. 자신의 분야에 대한 깊이 있는 탐구는 세상을 면밀히 관찰하게 하고, 그 속에서 의미를 찾아내게 만든다.

사과나무 아래에서 만유인력의 법칙을 발견했다고 알려진 뉴턴은 고전역학의 체계를 정립하고 모든 고등학생의 머리를 아프게 하는 미적분학을 17세기에 창시했다. 이 외에도 천문학과 광학 및 화학 등 인류에 기여한 바가 크다.

뉴턴은 1727년 3월 20일, 세상을 떠나기 전 자신의 업적에 대해 다음과 같은 말을 남겼다. "나는 바다의 한 모래알을 주워 들고 놀던 어린아이와 같았다. 그 넓고 무한한 진리의 바다는 여전히 내 앞에 펼쳐져 있었다."

뉴턴은 자신의 업적이 과학 혁명에 지대한 영향을 미쳤음을 알고 있었다. 그럼에도 자신을 '바다의 한 모래알을 주워 들고 놀던 어린아이'에 비유했는데, 이는 그가 진리의 바다가 얼마나 광대한지를 깊이 인지하고, 겸손한 마음을 가지고 있었음을 보여준다. 또한 '넓고 무한한 진리의 바다'는 우주와 자연에 감춰진 법칙과 원리를 나타내는 것으로, 과학과 지식의 발전이 한 개인이나 한 세대에서 완성되지 않는다는 점을 시사한다. 그만의 방식으로 후대의 연구자들에게 새로운 도전을 독려하는 것으로 보인다.

결국 뉴턴의 유언은 삶의 진리를 찾는 과정에서 '겸손하고 열린 태도를 유지하라'는 영감을 주며, '끊임없이 배움을 이어가라'는 메시지로 읽힌다.

반면 1859년 출간된 『종의 기원』을 통해 경험적 데이터를 분석하는 과학적 방법론과 진화론으로, 생물학의 혁신적인 변화를 이끌어 세상을 바꾼 과학자 찰스 다윈의 마지막 말은 이상하리만치 따뜻하게 느껴진다.

다윈은 1882년 4월 19일, 영국 켄트주 다운하우스에서 73세의 나이로 세상을 떠나기 전 아내에게 이렇게 말했다. "나는 죽음을 전혀 두려워하지 않소. 당신이 나에게 얼마나 좋은 아내였는지 기억하시오. 그리고 내 아이들에게 그들이 나에게 얼마나 잘해주었는지 기억하라고 전해주시오."

다윈은 과학자로서 자연과 생명의 순환을 이해한 사람이었다. 그의 유언은 죽음을 자연의 법칙으로 받아들이고, 이를 두려워하지 않는 성숙한 태도를 보여주는 것이리라 짐작된다. 또한 아내와 자녀들에게 감사와 사랑을 전하며, 마지막 순간까지도 가족과의 관계를 소중히 여기는 마음이 전해진다. 다윈이 위대한 과학자일 뿐만 아니라, 가정을 중요하게 생각한 따뜻한 남편이자 아버지였음을 알 수 있다. 자신의 업적이나 연구에 대한 자부심을 언급하지 않고, 가족의 사랑과 헌신을 인정하며 감사를 전하는 태도에서 다윈의 겸손한 성품이 느껴진다. 특히, '나에게 얼마나 잘해주었는지 기억하라'는 말은 자신의 삶이 사랑으로 가득 차 있었음을 드러내준다.

빈센트 반 고흐는 서양미술사에서 가장 영향력 있는 인물 중 하나로 평가받는다. 그는 정규 미술 교육을 받지 않았지만 10년 남짓한 짧은 예술적 여정을 통해 약 900점의 그림과 1,100점의 드로잉을 남겼다. 초기에는 목사가 되기를 원했으나 여러 번의 실패 후 예술가의 길을 선택했다.

주로 농민과 노동자의 삶을 주제로 한 작품을 그리다가 프랑스 유학을 통해 인상파의 영향을 받아 명작을 남기게 되었는데,

"슬픔은 영원히 계속될 것이야"

대표작으로는 「감자 먹는 사람들」, 「별이 빛나는 밤」, 「해바라기」 등이 있다.

고흐의 작품은 대담한 색채와 강렬한 붓놀림으로 유명하다. 감정과 인간 경험을 깊이 있게 표현했는데, 색상이 감정을 표현할 수 있다고 믿었던 그의 바람이 담긴 것으로 보인다.

고흐는 생전에는 큰 인정을 받지 못했고, 정신적 고통과 우울증으로 생을 보냈다. 1890년 7월 29일, 37세의 나이에 총을 들어 스스로 목숨을 끊게 되는데, 총상 후 살아 있는 동안 동생 테오에게 "슬픔은 영원히 계속될 것이야"라는 말을 남겼다. 고흐의 생애와 내면을 들여다볼 수 있는 강렬하고도 암울한 메시지이다.

고흐는 생의 마지막 순간까지 자신의 슬픔에서 벗어나지 못했다. 그 고통을 작품으로 남기고자 한 열망이 작품 곳곳에서 보인다. 그는 슬픔의 본질을 전하고 싶었는지도 모른다. 다만 슬픔이 영원하더라도, 그것이 반드시 절망으로 귀결되지는 않기에 슬픔을 삶의 일부로 받아들이려고 한 것은 아니었을까.

또 다른 예술가를 살펴보자. 1907년 멕시코시티에서 태어난 화가 프리다 칼로는 고통과 투쟁으로 가득 찬 삶을 살았다. 어린 시절 소아마비에 걸려 오른쪽 다리가 약해진 프리다 칼로는

1925년 심각한 교통사고로 여러 차례 수술을 받아야 했다. 프리다 칼로의 신체적 고통은 그녀의 예술에 큰 영향을 미쳤는데, 특히 그녀는 자화상을 통해 내면세계와 감정을 표출했다.

프리다 칼로는 1938년부터 국제적으로 주목받기 시작해 루브르 박물관에 작품이 소장되는 등 예술적 성취를 이뤘지만, 생애 동안 여러 차례의 외과 수술과 교통사고 후유증 등으로 만성적인 통증에 시달렸다. 그리고 끝내 1954년 7월 13일, 47세의 나이에 폐색전증으로 세상을 떠났다. "나는 기쁘게 떠납니다. 다만 다시는 돌아오지 않기를 소망합니다." 사망하기 직전 그녀가 남긴 글이다.

평생 신체적, 정신적 고통에 시달리면서도 그녀가 세상을 기쁘게 떠나길 바란 것은 죽음을 삶의 고통에서 벗어나는 안식으로 받아들였기 때문이지 않을까. 다만 '기쁘게 떠난다'는 말에서 비록 그녀가 고통 속에 살았지만, 그녀의 삶이 무의미하지 않았음을 암시한다. 자신의 예술과 삶이 이루어낸 것들에 대해 감사하고, 떠나는 순간을 긍정적으로 받아들인 것은 아니었을지. 삶의 부정이 아니라 자신의 여정을 끝맺는 방식에 대한 자부심과 만족감을 담고 있는 것으로 전해진다.

또한 '돌아오지 않기를 바라는 마음'은 환생이나 반복되는

"나는 기쁘게 떠납니다.
다만 다시는 돌아오지 않기를 소망합니다."

삶의 고리를 원하지 않는다는 의미로 해석되는데, 프리다 칼로는 죽음을 거부하거나 두려워하지 않고, 초월적인 관점에서 삶과 죽음을 받아들인 것으로 보인다.

─◈─

유언은 단순히 죽음을 앞둔 이의 마지막 한마디가 아니다. 그것은 한 사람이 살아온 삶의 궤적과 가치를 함축한 메시지로, 때로는 그의 정체성과 철학, 사랑과 감사의 마음을 세상에 남기는 마지막 선물이 된다. 물론 한 사람의 삶 전체를 몇 마디 말로 압축해 판단하는 것은 무리가 있을 수 있다. 그러나 유언은 그가 어떤 삶을 살았고, 어떤 신념을 품었으며, 어떤 관계를 소중히 여겼는지를 짐작하게 한다. 유언은 그 사람의 진정성을 담아내며, 때로는 남겨진 이들에게 강렬한 울림과 교훈을 준다.

그러한 의미에서 내게 김수환 추기경의 유언은 특별하다. 그는 생의 마지막에 "고맙습니다. 서로 사랑하세요"라는 강렬한 말을 남겼다. 이 짧은 문장은 그가 평생 실천한 사랑과 감사의 삶을 고스란히 담아낸다. 김 추기경은 엄혹한 군사정권과 민주화의 격동기를 거치며 이웃과 사회를 위해 끊임없이 사랑을 나누고, 사람들에게 희망의 메시지를 전했던 인물이다. 그의 유언은 한 개인의 마지막 인사가 아니라, 공동체를 향한 메시지이자 삶을 대하는 태도라고 할 수 있다.

"고맙습니다"라는 말에는 그가 세상을 바라보는 따뜻한 시선과 모든 관계에 감사하는 마음이 담겨 있다. "서로 사랑하세요"라는 당부는 그가 생을 다해 실천한 사랑의 철학을 남은 이들에게 전하는 절절한 권고다. 그는 자신의 삶이 사랑으로 이루어졌음을 마지막 순간까지 증명했다.

삶의 마지막 과정에서 유언은 누군가에게 남기는 말 뿐만 아니라, 내 삶의 방향성과 정체성을 압축적으로 보여주는 수단이 된다. 유언을 남기는 순간은 자신의 삶을 되돌아보고, 나와 관계를 맺은 사람들과의 인연을 되새기는 과정이다.

지금 이 순간 유언을 남겨야 한다면 어떤 말을 할 수 있을까? 가족, 친구, 후손, 아니면 익명의 누군가를 위해 남길지 고민하게 된다. 그 유언에는 어떤 내용이 담길 수 있을까? 감사와 사랑일까? 아니면 미안함과 후회일까? 유언은 살아온 나의 모든 것을 반영하기 때문에, 그 한마디에 담긴 내용은 결국 내가 어떻게 살아왔는지를 보여주는 거울과도 같다.

이 같은 맥락에서 유언은 그 자체로 삶을 대면하게 만든다.

"고맙습니다.

서로 사랑하세요."

김수환 추기경의 마지막 한마디는

단순하면서도 묵직한 울림을 건넨다.

삶을 되돌아보는 동시에 앞으로 무엇을 해야 할지 성찰하게 한다. 그렇기 때문에 유언을 통해 우리는 삶의 마지막을 준비하고, 미완으로 남겨질 수 있는 관계와 감정을 정리하며, 살아온 날들을 온전히 마무리할 수 있다. 김수환 추기경의 유언이 오늘을 살아가는 우리에게 울림을 주는 이유가 여기에 있다.

우리 모두는 언젠가 죽음을 맞이하게 된다. 그 순간에, 우리는 어떤 목소리로 세상에 작별을 고할 것인가? 어떤 이야기를 통해 내 생각을 드러낼 수 있을까? 그리고 누구에게 그 말을 전하고 싶을까?

산 자와 죽은 자가 연결되는 방법

불가리아의 네크롤로그Necrolog는 독특하면서도 깊은 의미를 가진 장례 문화다. 'Necrolog'의 어원은 그리스어에서 찾을 수 있는데, '죽은 사람'을 의미하는 'Necro'와 '기록'을 뜻하는 'log'의 합성어이다. 문자 그대로 '죽은 자의 기록'이라고 할 수 있겠다. 네크롤로그는 단순히 사망 사실을 알리는 공고가 아니라, 고인의 삶을 기리고 기억을 보존하며, 남겨진 이들에게 함께 슬퍼하고 위로받을 기회를 제공하는 추모 방식이다.

가족과 지인들은 고인이 살았던 지역의 벽, 나무, 전봇대 등에 네크롤로그를 붙인다. 애도의 표식을 넘어, 고인의 삶이 공동체 안에서 여전히 살아 있음을 보여준다. 이 추모 방식은 고인을 기억하는 것뿐 아니라, 죽음을 통해 남겨진 이들의 삶과 사랑이 연결되는 과정을 담고 있다. 삶과 죽음이 분리된 것이 아니라 하나의 순환 속에 있음을 상기시키는 것이다.

이 같은 추모의 의미는 철학적 사유를 통해 대중에게 영향을 끼친 칼 세이건Carl Sagan의 삶과도 연결된다. 칼 세이건은 천문학자이자 과학 커뮤니케이터로, 그의 책『코스모스』와 동명의 TV 시리즈를 통해 복잡한 과학 개념을 대중에게 쉽게 전달하며 과학적 사고와 철학적 성찰을 널리 퍼뜨렸다. 그의 이름은 특히 '창백한 푸른 점Pale Blue Dot'이라는 강렬한 상징으로 기억된다. 이는 1990년 보이저 1호가 지구에서 60억 킬로미터 떨어진 거리에서 촬영한 지구의 모습으로, 광활한 우주 속에서 지구의 작고 연약한 존재를 극명하게 보여준다.

칼 세이건은 '창백한 푸른 점'을 통해 우리에게 지구와 인류의 존재가 얼마나 미약하며 동시에 얼마나 소중한지 철학적이고 환경적인 메시지를 던진다. 그는 죽음을 끝이 아니라 우주의 순환 속에서 새롭게 시작하는 것으로 바라보며 삶과 죽음의 의미를 성찰하게 만든다.

BOOK21

신간 및 베스트셀러

21세기북스는 급변하는 시대의 흐름 속에서 독자의 요구를 먼저 읽어내는 예리한 시각으로 〈칭찬은 고래도 춤추게 한다〉, 〈설득의 심리학〉 등 밀리언셀러를 출간하며 경제 경영 자기계발 분야의 독보적인 브랜드로서 자리매김했습니다.

f 21cbooks　　**⊙** jiinpill21　　**🖥** 21c_editors

북이십일의 문학 브랜드 아르테는 세계와 호흡하며 세계의 우수한 작가들을 만납니다. 국내에 소개되지 않은 혹은 잊혀서는 안되는 작품들에, 새로운 가치를 담아 재창조하여 '깊고 아름다운 책'을 만들고자 합니다.

f 21arte　　**⊙** 21_arte　　**🖥** staubin

천 번을 흔들리며 아이는 어른이 됩니다

사춘기 성장 근육을 키우는 뇌·마음 만들기

김붕년 지음 | 값 17,800원

서울대병원 소아·청소년정신과 명의 김붕년 교수의 사춘기 성장 법칙.
아이가 어른이 되어 가는 약 3년, 1000일의 시간.
불안한 뇌, 불안한 마음을 결정적 성장으로 이끌
사춘기 필수 내면·관계 훈련법.

나는 배당투자로 매일 스타벅스 커피를 공짜로 마신다

평생 월 500만 원씩 버는 30일 기적의 배당 파이프라인 공략집

송민섭 지음 | 값 24,000원

잘 키운 배당주 하나가 마르지 않는 돈의 샘물이 된다!
주가 흐름에 흔들리지 않고 시간이 갈수록 빛을 보는
30일 마스터 배당투자 가이드

고층 입원실의 갱스터 할머니

남몰래 난치병 10년 차,
빵먹다살찐떡이 온몸으로 아프고 온몸으로 사랑한 날들

양유진 지음 | 값 18,800원

100만 크리에이터 '빵먹다살찐떡' 양유진이 고백하는 난치병 '루푸스'
투병 "다행인 것은 이제 환자라는 걸 즐기는 지경까지 왔다는 것이다"
오롯한 진심으로 당신에게 슬쩍 건네는 유쾌하고 담백한 응원

프레임

나를 바꾸는 심리학의 지혜

최인철 지음 | 값 22,000원

50만 독자가 선택한 스테디셀러
서울대 심리학과 최인철 교수의 대표 저서
세상을 바라보는 마음의 창, 프레임을 바꾸면 삶이 바뀐다
최상의 프레임으로 삶을 재무장하라!

일론 머스크

인류의 미래를 바꾸는 이 시대 최고의 혁신가

월터 아이작슨 지음 | 안진환 옮김 | 값 38,000원

"미래는 꿈꾸는 것이 아니라 만드는 것, 그가 상상하면 모두 현실이 된다!"
미친 아이디어로 '지하에서 우주까지' 모든 걸 바꾸는 남자!
이 책은 일론 머스크의 어린 시절부터 현재까지 세간에 알려지지 않은
그의 다른 면모를 보여준다.

스테디셀러

반지의 제왕+호빗 세트(전4권)

새롭게 태어난 20세기 판타지 문학의 걸작
국내 최초 60주년판 완역 전면 개정판

J.R.R. 톨킨 지음 | 김보원 · 김번 · 이미애 옮김 | 값 196,200원

전 세계 1억 부 판매 신화.
〈해리 포터〉〈리그 오브 레전드〉 세계관의 원류.
톨킨의 번역 지침에 따라 새롭게 다듬고 고쳐 쓴 스페셜 에디션.

곰탕 1, 2(전2권)

미래에서 온 살인자

김영탁 지음 | 값 권당 17,000원

가장 돌아가고 싶은 그때로의 여행이 시작되었다! 카카오페이지
50만 독자가 열광한 바로 그 소설. 가까운 미래에 시간 여행이
가능해진다. 하지만, 그 여행은 목숨을 걸어야 할 만큼 위험했다!
영화 〈헬로우 고스트〉〈슬로우 비디오〉 감독의 첫 장편.

너는 기억 못하겠지만

"당신에게도 잊을 수 없는 사람이 있나요?"

후지마루 지음 | 김은모 옮김 | 값 18,000원

출간 즉시 20만 부 돌파, 화제의 베스트셀러
머지않아 다가올 기억을 잃은 세상, 어쩌면 나는 거기서
희망을 만날 수 있을지도 모른다.
올겨울을 사로잡을 기묘한 감성 미스터리

세상에서 가장 쉬운 본질육아

삶의 근본을 보여주는 부모, 삶을 스스로 개척하는 아이

지나영 지음 | 값 18,800원

한국인 최초 존스홉킨스 소아정신과 지나영 교수가 전하는 궁극의 육
아법. 부모는 홀가분해지고 아이는 더 단단해진다! 육아의 결승선까지
당신을 편안히 이끌어줄 육아 로드맵

초등 저학년 아이의 사회성이 자라납니다

자녀의 사회성을 성장시켜 줄
학부모와 교사의 품격 있는 소통법

이다랑 · 이혜린 지음 | 값 18,000원

"부모와 선생님이 협력해야 아이가 건강하게 성장합니다."
아이의 첫 사회 진출! 학부모의 역할과 소통법을 담은
초등 입학 & 학교생활 가이드북

새로 나온 책

정영진의 시대유감

나는 고발한다, 당신의 뻔한 생각을

정영진 지음 | 값 22,000원

〈삼프로TV〉〈매불쇼〉〈일당백〉〈웃다가!〉〈보다〉···
누적 구독자 천만 명! 천재 기획자 정영진식 인사이트
"어설픈 위로나 공감을 하느니 불편한 질문을 좀 해볼게요"
정영진이 이슈의 최전선에서 10여 년간 뒹굴면서 생각한 것들

한 권으로 끝내는 입시 전략

내 자녀를 원하는 대학까지 단숨에

권오현 지음 | 값 22,000원

대한민국 입시를 이끄는 최상위 대학 입학사정관들의 멘토
권오현 교수의 입시 전략 필독서. 날카로운 대입 전략부터
자녀교육 인사이트, 급변하는 제도에도 흔들리지 않는 트렌드 예측까지,
서울대 前입학본부장의 입시 설명회를 한 권에 담다.

2025 대한민국 교육 키워드

급변하는 교육 환경에 불안한 부모를 위한

방종임·이만기 지음 | 값 19,800원

공교육 & 사교육 트렌드 총망라, 변화에 발 빠르게 대비하라!
학부모의 길잡이 '교육대기자TV'가 선정한 초중등 핵심 트렌드
국내 최대 교육 전문 채널 '교육대기자' 방종임과 대한민국 최고의
입시 전문가 이만기가 엄선한 2025 교육계 핵심 정보!

80:20 학습법

최소한의 노력과 시간으로 최대 효과를 내는 학습법

피터 홀린스 지음 | 김정혜 옮김 | 값 19,800원

"효율 없는 노력은 방향 없는 걷기와 같다"
정말 필요한 것에만 집중하라
연초에 꼭 읽어야 할, 모든 학습법의 학습법!

삶의 무기가 되는 회계 입문

숫자로 꿰뚫어 보는 일의 본질

가네코 도모아키 지음 | 김지낭 옮김 | 값 26,000원

"비즈니스 세계에서 회계는 교양이자 상식!"
초심자가 읽어도 술술 읽히는 회계 책
돈이 흐름이 보이는, 삶의 무기가 되는 회계

칼 세이건의 딸 사샤 세이건Sasha Sagan은 아버지가 세상을 떠난 뒤에도 그의 글과 이야기를 통해 아버지를 현재의 시간 속에서 계속 느낄 수 있었다고 한다. 사샤는 자신의 에세이『우리, 이토록 작은 존재들을 위하여』를 통해 탄생, 성장, 결혼, 죽음 등 인간의 삶이 자연의 순환과 깊이 연결되어 있음을 이야기한다. 그녀는 작은 의식들 속에서 인간 존재의 가치를 찾고, 일상에서 서로를 소중히 여기며 현재를 살아가는 것이 얼마나 중요한지를 강조한다. 이러한 메시지는 칼 세이건이 남긴 철학적 유산과도 연결된다.

칼 세이건은 죽음을 두려움의 대상으로 보지 않았다. 그는 죽음이 삶의 의미를 반추하고 서로를 이해하며 연결할 수 있는 기회가 되어야 한다고 믿었다. 그는 별과 같은 성분으로 이루어진 인간이 결국 다시 우주로 돌아가는 존재라고 했다. 이는 우주 안에서 모든 것이 연결되어 있음을 상기시키며, 죽음 또한 우주의 법칙 안에 존재하는 자연스러운 과정임을 받아들이는 태도를 보여준다. 이러한 생각은 칼 세이건이 남긴 기록과 메시지를 통해 후대에까지 영향을 미쳤다. 칼 세이건의 글을 읽는 순간마다 독자들은 그의 생각을 되새기며 그의 삶과 다시 연결된다.

사샤 세이건은 아버지의 기록을 통해 과거로 시간 여행을 떠날 수 있고 그때마다 아버지와 연결된다고 말했다. 이는 세상을 떠난 이의 기록이 단순한 과거의 산물이 아니라 현재에도 영향을 미치고 있음을 일깨워준다.

칼 세이건의 메시지는 우리에게 삶을 소중히 여기고, 인간과 자연의 조화를 고민하며 살아가야 할 이유를 제공한다. 우주라는 거대한 배경 속에서 우리의 존재가 얼마나 작은지 깨닫는 동시에, 그 작은 존재들이 서로를 사랑하고 연결될 때 얼마나 커다란 의미를 만들어낼 수 있는지를 말이다.

결국 삶의 기록은 한 개인의 이야기를 넘어, 세상과의 관계를 맺고 이어준다고 볼 수 있다. 칼 세이건의 철학처럼, 남겨진 말과 기록은 죽음 이후에도 우리의 생각과 가치를 전달하며 후대와 세상을 연결하게 만든다. 네크롤로그가 고인의 기억을 지역 사회와 이어주는 역할을 한다면, 칼 세이건의 기록은 우리 모두에게 우주적 관점에서 삶의 의미와 가치를 성찰하게 한다.

나의 장례식

삶의 마지막 여정에 / 무엇을 남길 것인가

살아 있을 때 자신의 장례식을 미리 기획할 수 있다면, 어떤 모습이기를 바라는가. 자신만의 이상적인 결혼식을 꿈꾸는 것처럼 만약 장례식도 자신만의 스타일로 기획할 수 있다면 어떨까? 그렇다면 우리의 장례 문화는 지금보다 훨씬 다양해지지 않을까? 죽음에 대한 막연한 거부감과 두려움이 줄어들고, 삶의 마지막을 축하하고 기리는 새로운 방식이 자리 잡을지도 모르는 일이다.

죽음을 생의 자연스러운 일부로 받아들인 특별한 사례가 있다. 바로 『모리와 함께한 화요일』의 주인공 모리 슈워츠Morrie Schwartz의 이야기다.

사회학 교수이자 심리치료사였던 모리 슈워츠는 병상에 오르기 전까지 활발히 활동하며, 인간관계와 삶의 의미에 대해 고민했다. 그러다 근육 약화와 마비를 점차 초래하는 루게릭병 진단 이후 특별한 '생전' 장례식을 기획했다.

모리는 동료의 장례식에서 사람들이 고인에 대해 나누는 아름다운 말들을 떠난 이가 직접 들을 수 없다는 이유에서 이 같은 장례식을 결정하게 되었다. 모리의 생전 장례식은 단순히 고인을 기리는 시간이 아니었다. 그는 친구들과 가족들을 자신의 집으로 초대해 자신에 대한 추도사를 낭독하게 했다. 삶을 축하하고 사랑하는 사람들과 감정을 나누는 시간이자, 작별 인사를 충분히 나눌 수 있는 소중한 자리였다. 웃음과 눈물이 교차하는 감동적인 순간들 속에서, 죽음을 준비하는 그의 방식은 생의 끝을 두려움이 아니라 감사와 사랑으로 채웠다.

죽음을 두려워하거나 외면하기보다는 이를 생의 '마지막 프로젝트'로 삼고, 그 과정에서 삶의 의미를 재발견하며 소중한 사람들과 가치를 나누는 모리의 생전 장례식은 깊은 영감을 준다. 그는 죽음을 상상하고 준비하면서 삶의 본질에 더 가까이 다가

갈 수 있었다. '죽음을 이해하는 것이 곧 삶을 이해하는 것이다'라는 메시지를 온몸으로 전하며, 우리에게 죽음이 있기에 삶은 더욱 찬란하게 빛난다는 사실을 가르쳐준다.

그가 세상을 떠난 뒤, 생전에 제자 미치 앨봄Mitch Albom과 나눈 대화는 『모리와 함께한 화요일』이라는 책으로 엮어 전 세계적으로 사랑받는 작품이 되었다. 더불어 그가 남긴 글들은 꾸준히 출판되며, 삶의 긍정적인 가치를 나누고 있다. 죽음을 앞두고 기록한 그의 이야기들은 현재를 더 의미 있게 만들어줄 뿐만 아니라, 남겨진 사람들이 슬픔을 극복하고 삶을 이어가게 하는 중요한 자산이 되었다. 그의 기록은 세대를 넘어 전달되는 지혜이자 사회적·문화적 유산으로 보아도 무방할 것이다.

우리는 종종 삶에서 큰 업적이나 깊은 철학이 있어야만 삶의 의미를 찾을 수 있다고 생각한다. 그러나 모리의 이야기는 그렇지 않음을 보여준다. 아침에 마시는 따뜻한 커피 한 잔, 마주치는 사람들과의 눈인사, 저녁 무렵 홀로 즐기는 산책, 공공장소에서 나누는 작은 친절, 계절의 변화를 느끼는 순간들, 친구들과의 대화, 가족과 함께하는 식사 등과 같은 평범한 순간들이야말로 삶을 풍요롭게 만든다.

이 평범한 순간들에 자신의 의미를 부여하고, 그것을 기록으

아침에 마시는 따뜻한 커피 한 잔,
우연히 마주치는 사람들과의 눈인사,
저녁 무렵 홀로 즐기는 산책,
계절의 변화를 느끼는 순간.

삶의 의미는 평범한 순간에 깃들어 있다.

로 남기는 일은 특별한 철학이나 업적을 뛰어넘는 중요한 가치를 지닌다. 기록은 나의 이야기이면서 내가 사랑했던 사람들과의 연결고리를 유지하고, 나의 존재를 기억할 수 있는 매개체가 된다. 그 기록이 쌓이다 보면 우리는 자신이 진정으로 가치 있게 여기는 것이 무엇인지 더 분명히 알 수 있을 것이다.

삶의 마지막에 어떤 말을 남길 수 있을까? 그리고 그 말은 누구를 향하게 될까? 모리 슈워츠의 이야기는 우리에게 삶을 어떻게 마무리할 것인가를 묻는 데서 끝나지 않는다. 삶의 모든 순간들이 가치 있고 소중하다는 것을 깨달으면, 우리의 삶도 모리처럼 더 자유롭고 풍요롭게 채워질 것이라고 넌지시 이야기하는 것 같다.

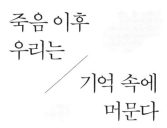

죽음 이후
우리는
기억 속에
머문다

법의학자가 보통 하는 일은 죽은 사람에 대해 국가나 사회에서 요구되는 신원 확인, 사망의 원인과 종류를 파악해 객관적인 근거를 남기는 것이다. 그리고 그것만큼 중요하다고 생각하는 일이 사망의 원인과 사망의 종류를 유가족에게 설명할 때다.

부검하는 경우, 대부분은 황망한 죽음, 급작스러운 죽음, 억울하다고 생각하는 죽음의 경우가 많다. 법의학자가 유가족을 만나 고인에 대해 어떤 설명을 하느냐에 따라서 이후 유가족들의 삶의 태도 변화에 영향을 미칠 수 있기에 굉장히 신경을 쓰게 된다.

기억에 남는 두 가지 사례가 있다. 첫 번째는 엘리트 코스를 밟은 한 청년에 대한 기억이다. 이 청년은 학창 시절 늘 좋은 성적을 받았고, 좋은 대학을 나와 고시 공부를 했다. 몇 년 만 눈 감고 고생하면 분명히 합격할 것이라 목표한 고시 생활이었다. 하지만 생각과는 달랐다. 살다 보면 우리 마음과 뜻대로 일이 풀리지 않듯이.

청년은 실패의 경험을 받아들이지 못했다. 오랫동안 고시 공부에 몰두해왔고, 그동안 투자한 시간과 에너지가 아까워서 그만둘 수 없었다. 가족들도 그가 고생한 것을 충분히 알았기에, 자존심이 강한 그가 상처를 받을까 봐 '그만두라'는 말을 선뜻 꺼낼 수 없었다. 그렇게 가족과 친구들과 떨어진 채로 세월만 무심히 흘렀다. 홀로 고립된 생활을 한 그는 시간이 흐를수록 심적 부담감을 견디지 못했다. 그리고 끝내 한강에 투신하게 되었다.

분명 한강에서 시신이 발견되었으니, 익사가 확실한 경우였다. 하지만 가족들은 부검해달라고 경찰에게 강력하게 요구했다. 작은 상처라도 의심되는 부분이 있으면 명확하게 파악하길 원했다. '이 사람은 죽을 이유가 없다'라는 생각이 강했기에 부검을 요청한 것이었다.

그의 몸은 상처가 없었다. 명확하게 익사의 소견이 분명했다. 여러 가지 정황을 봤을 때, '안타깝게도 다른 사람들과 고립된 상태에서 스스로 죽음을 맞이한 게 아닌가'라는 생각을 하게 되었다. 이 이야기를 유가족에게 전했을 때, 특히 그의 어머니는 강력하게 부인했다. 직접 말을 전하며 느낀 바로는 자식의 사정을 속으로는 깊숙이 알고 계셨던 것 같다. 그럼에도 사랑하는 자식을 이대로 보낼 수 없고, 본인이 느끼는 죄책감 때문에 아들의 죽음을 부정한 것이다. 그런 유가족에게 전할 수 있는 것은 누차 "죄책감을 안 느끼시었으면 합니다"라는 말뿐이었다.

두 번째 기억은 일에 매진한 한 회사원의 경우이다. 그는 장성한 자녀와 노모, 아내와 함께 살며 회사의 임원으로 열심히 살아왔다. 그런데 어느 날 집 앞에서 쓰러진 채로 발견되었다. 황급히 병원으로 옮겨졌지만 사망하게 되었고, 보험에 많이 가입되어 있었기에 명확한 사망 진단을 위해 부검을 진행하게 되었다. 부검 결과, 급성 심근경색증에 의한 사망이었다.

이 사실을 유가족에게 전하게 되었다. 급성 심근경색증은 가슴

언젠가 이 세상에 내가 존재하지 않게 될 때,
남겨진 이들은 나의 죽음을 어떠한 방식으로 받아들일까.

에 통증이 오고, 심장이 멈추어 사망에 이르는 것이라고 설명했다. 아내가 울먹이면서 "며칠 전에도 소화가 안 된다고 하면서 가슴이 아팠다고 했는데, 그저 당신 열심히 일하라고 오히려 격려했다"라고 말했다. 그녀는 상당한 죄책감에 시달렸다.

급성 심근경색증의 15% 증상은 사망이고, 인생이란 건 장담할 수 없기에 15%의 확률 때문에 아무런 증상이 없다가도 갑작스러운 죽음을 맞이할 수 있다며, 나는 '위로 아닌 위로'를 전했다. 며칠 전 소화가 안 되고 가슴이 아팠던 것은 다른 원인일 수도 있고, 그러한 것들로 인해 죄책감을 가질 필요가 없다고 말이다.

죽음은 늘 함께 있다고 생각하지만 추상적이고 모호하다. 사랑하는 사람이 이 세상에 없을 때 유가족이 느끼는 상실감과 죄책감은 헤아릴 수 없다. 일상은 죽음이라는 사건 앞에서 멈추지만, 그럼에도 다시 일상으로 돌아가야 할 수밖에 없다는 사실을 모두가 알고 있다. 그럼에도 어찌할 방도가 없는 것이 상실의 감정이다.

사랑하는 사람을 떠나보내고 일상생활에 복귀하면 변화된 삶을 자연스럽게 받아들여야 하는데, 이 과정을 자연스럽게 수용하기란 어렵다. '내가 사랑하는 사람을 잃었는데 다시 행복해져도 괜찮은가'라는 근본적 의문을 품으며 괴로워한다. '내

나의 현재를 정리하기 위해서,

나의 소중한 사람들을 위해서,

인사 없는 작별을 하지 않기 위해서

삶은 기록되어야 한다.

가 그걸 미리 알아야 했는데……', '내가 조금 더 잘해야 했었는데……', '내가 건강검진을 받으라고 말해야 했는데……' 등과 같이 일상의 사소한 부분들이 평생의 죄책감으로 따라다닌다.

문제는 행복해지려고 할 때마다 죄책감이 든다는 것이다. 그러니 언젠가 마주할 나의 죽음을 준비하기 위해서 생의 마지막에 무엇인가를 남기는 일이 필요하다. 그것이 우리가 죽음을 준비할 수 있는 가장 기본적인 방법이라고 생각한다. 생의 마지막에 대한 기록은 타인의 죽음을 우리가 어떻게 받아들이고, 나의 죽음이 남겨진 사람들에게 어떤 의미로 가닿을지까지 고민하는 일이기 때문이다.

더 잘 살기 위해 / 죽음을 상상하다

나의 죽음을 어떻게 준비해야 할까? 지금 당장 죽을 날이 얼마 남지 않았기 때문에 준비하라는 의미는 절대 아니다. 현재의 나에게 긍정적인 효과를 주기 위해, 더 충실한 삶을 살기 위해, 인생의 불확실성 때문에 우리에게는 죽음을 위한 준비가 필요하다.

And in the end, the love you take is equal to the love you make.

비틀스의 멤버 폴 매카트니가 남긴 말로, "그리고 결국, 당신이 받는 사랑은 당신이 만드는 사랑과 같다"는 뜻이다. 우리가 마지막에 받을 사랑은 살아생전에 나눈 사랑과 같다는 것이다. 김수환 추기경의 유언 "서로 사랑하라"의 의미와도 통한다.

우리는 죽음을 위해 무엇을 남겨야 할까? 첫 번째로는 '누구에게 메시지를 남기고 싶은지'를 생각해봐야 한다. 배우자나 자녀, 혹은 친구를 떠올릴 수 있겠다. 누가되었든 간에 남기고 싶은 사람이 떠오르는 것이 중요하다.

두 번째로는 '나는 어떤 사람으로 기억되고 싶은지', '내 인생에서 남기고 싶은 이야기가 무엇인지'를 파악해야 한다. 우리는 함께 사는 가족을 혹은 친한 사람을 잘 안다고 생각하지만 그를 완전하게 알 수 없다. 내 속마음을 꺼내놓지 않으면, 그 누구도 나를 정확하게 알 수 없는 것이다. 타인을 완전히 안다고 생각하는 순간, 지레짐작으로 판단해버리는 일은 오해를 만든다. 그렇기에 내가 어떤 사람으로 그들의 기억 속에 살고 싶은지 떠올리는 시간이 필요하다.

세 번째로는 '죽음의 과정에서 나는 어떤 선택을 할 것인지'를 생각할 필요가 있다. 사전연명의료의향서를 작성하거나 장기기증을 할 것인지, 만일 치매와 같은 인지장애가 온다면 어떻게 대처할 것인지 등의 문제를 미리 대비한다면 훗날 그러한 상황을 마주했을 때 가족들의 부담을 지울 수 있다. 또 예기치 못한 상황에 대비할 수 있어 심리적 안정감을 얻을 수 있다. 나의 존엄한 죽음을 위해, 삶의 마지막 결정권을 행사하는 것은 중요하다.

네 번째로는 '사랑하는 사람들이 나의 죽음 이후 어떻게 행동했으면 하는지'를 작성했으면 한다. 사랑하는 이들이 나의 죽음 이후 죄책감에 시달려서 내내 우울하기를 원하는 사람은 아무도 없을 것이다. 당연히 남겨진 이들이 하루빨리 일상으로 돌아가 나를 상실한 슬픔을 잊고 다시금 행복해지길 원할 것이다. 상실을 수용하고 일상에 복귀하기 위해서, 또 사랑하는 사람들을 위해 나의 죽음 이후 해주었으면 하는 행동을 적어보았으면 한다.

이를테면 "내가 죽은 첫째 날, 둘째 날, 셋째 날은 장례식장에 오전 10시까지 오길 바란다. 저녁 10시 이후에는 조문객을 받지 말고 바로 집으로 가서 자라. 넷째 날부터는 너무 슬퍼하지 말고 점심은 맛있는 것을 사 먹어라. 이후에는 내가 남긴 책이나 소지품을 중고품으로 팔아주었으면 한다"와 같은 지침을 말이다. 남겨진 이들이 갑작스러운 상실에 빠져 있을 때를 위해

"우리가 마지막에 받을 사랑은
살아생전에 나눈 사랑과 같다."

할일들을 미리 작성해보자.

다섯 번째, '나의 재산을 어떻게 할 것인지'를 미리 공지하면 좋겠다. 돈은 많든 적든 문제 발생의 원인이 된다. 다툼의 원인, 분쟁의 소지가 가능한 한 없도록 자기 자산을 틈틈이 정리하는 것이 중요하다.

여섯 번째, 사랑하는 사람들에게 진심으로 남기고 싶은 당부를 적었으면 한다. 마음을 다해 상대방에게 하고 싶은 말을 꺼내어보자. 그동안 '쑥스럽다'는 핑계로 말하지 못했거나 바빠서 무심코 지나친 일들을 천천히 떠올려보는 것이다. 한번 표현하고 나면 그다음부터는 말을 꺼내기 쉬울 것이다.

마지막으로 자신의 죽음을 준비하기 위해서 추천하는 방식이 있다. 바로 미래의 내 부고를 작성하는 것이다. 수많은 부고를 보았지만, 아직도 니나 리 베이커^{Nina Lee Baker}라는 사람의 부고를 잊을 수 없다.

그녀는 당신이 만나자마자 몇 초 만에 사랑에 빠질 만한 그런 타입의 여성입니다. 그녀의 멋진 태도와 웃음, 미소는 당신의 영혼에 울림을 줄 수 있습니다. 햇살처럼 밝게 빛나는 사람이었고 그녀가 가는 곳마다 밝은 햇살이 비추었습니다.

단 세 문장으로 그녀가 떠난 길이 빛나는 듯하다. 이렇게 낭만적인 부고는 아니더라도, '나 없는 내일'을 상상하며 부고를 쓰다 보면 살아온 인생을 되짚어보는 기회가 된다. 그때 미처 깨닫지 못했던 삶의 가치와 소중한 순간을 발견하게 될 것이다. 그리고 그것은 앞으로의 인생에서 이루고 싶은 목표를 설정하고, 더 충실하게 현재를 살 수 있는 동기부여가 되어줄 것이다.

두 번째 인생을 / 사는 것처럼

'인생 n회차'라는 표현을 자주 접하곤 한다. 나이가 어린 사람들이 이미 모든 일을 다 겪은 듯이 태연하고 능숙하게 하는 모습을 빗대어 표현하는 것으로, 인생 1회차의 실패를 경험 삼아 인생을 원하는 대로 살고 있다는 것을 뜻하는 말이다.

왜 '인생 n회차'라는 표현이 유행하게 된 것일까? 우리 사회가 모든 일에 완벽한 사람만을 요구한다는 의미일까? 아니면 삶이 끝나지 않길 바라며 계속해서 살고 싶은 욕구의 표현일까?

만일 'n회차 인생'을 살 수 있는 기회가 내게 주어진다면, 삶에 후회를 남기지 않기 위해 선택하고 싶다. 어떤 삶을 살고 싶은지 스스로 진지하게 묻고, 그 모습대로 살기 위해 노력할 것이다. 여러 번 인생을 살 수 있다면 내가 만난 수많은 사람들 중에서 특정인처럼 살고 싶은 '롤 모델'을 발견할 수 있고, 이 사람이 걸어간 길은 나의 인생관과 맞지 않다며 '반면교사 모델'을 발견할 수도 있겠다. 그들이 걸어간 다양한 길을 보면서 내가 원하는 모양에 맞게 삶을 꾸리지 않을까 싶다. '인생 n회차'를 상상해보는 것만으로 '어떤 삶을 살고 싶은지' 머릿속에 그려보게 된다. 그렇다면, 오늘의 삶을 두 번째 인생처럼 사는 것이 실질적인 '인생 n회차'가 아닐까.

　주어진 시간을 자신만의 기준으로 가치 있게 만드는 것이 인생이라고 생각한다. 삶은 유한하기 때문에 소중하다. 살아가는 데 있어 '후회'는 우리를 뒷걸음치게 만든다. 미래에 대한 믿음보다는 과거에 대한 생각이 꼬리에 꼬리를 물게 하며 자책하게 만든다. 후회는 전염성이 강해서 그 생각을 터놓으면 너도나도 할 것 없이 자신의 걸림돌을 떠올리게 만든다. 후회는 과거라는 우물을 깊고 넓게 파, 현재에 발 디디고 서 있는 것을 방해한다. 심한 경우, 과거에 매몰되게 하고 고립하게 만든다.

누구나 '실행 취소'하고 싶은 순간들이 있다. 가상세계에서는 실수하거나 잘못 입력한 일을 쉽게 되돌릴 수 있지만 현실에서는 지나온 일을 되돌릴 수 없다. 실수나 잘못을 받아들이고, 다음에는 같은 일을 반복하지 않도록 되새길 뿐이다. 물론 '후회 없는' 완벽한 삶이란 존재하지 않는다. 그러나 최대한 후회를 줄이는 삶은 가능하다. 자신이 내린 선택에 대해 스스로 만족하고, 그 선택의 결과를 받아들이면서 앞으로 나아가는 것, 그것이 후회 없는 삶 아닐까.

인생을 절반쯤 살았다고 느꼈다면, 앞으로의 삶에 대해 생각이 깊어지게 된다. 반복되는 일상에 권태로움을 느꼈을 때도 '왜' 살아야 하는지 이유를 찾게 된다. 그때 글을 쓰면서 자신을 곱씹어보는 시간을 보냈으면 한다. 커리어, 인간관계, 건강, 경제적 안정, 자기 성장 등 여러 측면에서 방향을 정하고 결정을 내리다 보면 다시금 삶의 의지를, 에너지 가득한 '나'를 발견할 수

있을 것이다. 무엇을 쓸지 막막하다면 다음과 같은 질문을 스스로에게 던져보자.

- 지금 내가 선택하는 일들은 내가 원하는 것일까, 아니면 남이 원하는 것일까?
- 하고 싶지만 망설이고 있는 게 있다면, 왜 망설이고 있을까?
- 현재 가장 소중한 사람들에게 내 마음을 충분히 표현하고 있을까?
- 불필요한 인간관계 때문에 내 에너지를 낭비하고 있는 것은 아닐까?
- 현재의 내 생활 방식이 10년 뒤에도 나를 건강하고 행복하게 만들어줄까?
- 미래의 나를 위해 지금부터 실천할 수 있는 작은 습관은 무엇이 있을까?

바쁜 일상 속에서 쉽게 놓칠 수 있는 질문들이다. 자신만의 답을 하나둘 적어가다 보면, 어렴풋한 미래가 좀 더 선명하게 다가올 것이다. 가능하다면 주기적으로 스스로 질문하며 답을 해보기를 권한다. 그때마다 달라진 내면의 목소리를 귀 기울여보자.

삶의 의미는 다른 누군가에게 얻을 수 없다. 오롯이 '나 자신'으로서 살아갈 때 발견할 수 있다. 삶의 가치는 삶을 사는 사람에 의해 만들어진다. '왜 살아야 하는지 아는 사람'에게 삶은 더없는 선물이 되어줄 것이다.

오늘의 유언이 / 삶을 향한 다짐이 된다

이따금 쓰는 글이 있다. 내가 이 세상에 없을 때 남은 사람들을 위한 글이다. 하지만 가족이나 다른 사람에게 보여주려는 것은 아니다. 이 글을 쓰고 정리하다 보면 그때그때 공부할 때마다 바뀌는 것이 있고, 살아가면서 바뀌는 것들도 있다. 분명 이 글을 쓰면서 나는 변화한다. 작년에 썼던 글을 여기 옮겨본다. 현재 손자와 손녀는 없지만 기대여명이 약 30년 정도 남았다고 생각하고 작성했다.

존경하고 사랑하는 유○○과 이○○의 아들로 태어나 평생을 성실하게 살아온 나, 유성호는 이 편지를 사랑하는 아내와 아들, 그리고 손자와 손녀에게 보냅니다.

어린시절부터 책을 사랑하며 독서를 통해 세상에 의미 있는 일을 하고 싶다는 꿈을 키웠습니다. 슈바이처와 파스퇴르를 동경하며 서울대학교 의과대학에 진학했습니다. 제가 사랑한 그 대학에서 저는 평생의 스승 이윤성 교수님을 만나 법의학이라는 길을 걷게 되었습니다. 때로는 외롭고 힘들었을 때도 있었지만 평생 5천건이 넘는 부검을 통해 돌아가신 분들의 목소리에 귀를 기울이며, 이를 바탕으로 사회에 기여할수 있었던 것을 제 삶의 큰 축복으로 여깁니다.

제 인생을 돌아보면 참으로 즐겁고 감사했으며, 후회가 크지 않아 진심으로 행복합니다.

살아보니 인생에서 가장 중요한 것은 돈도, 권력도, 명예도 아니었습니다. 결국, 우리를 지탱해 주는 것은 주변 사람들을 사랑하고 그 사랑을 나누는 일이었습니다. 늘 바쁜 일상에서도 아내와 아들, 그리고 손자, 손녀와 함께 하려고 최선을 다했지만, 혹여 부족한 부분이 있었다면 너그러이 이해해주길 바랍니다. 제 마음속 깊은 사랑만은 언제나 간직되었음을 기억해주세요.

삶을 마무리하며 드리는 당부

제가 스스로를 돌볼 수 없는 상황이 온다면, 그로 인해 아내와 아들, 그리고 며느리가 고생하는 모습을 보고싶지 않습니다. 가능한 오래 아내와 함께 우리 집에 머물고 싶지만, 시설의 돌봄이 필요하다고 판단된다면 죄책감이나 망설임 없이 시설을 선택해 주세요. 제 존엄을 지켜준다면 그것이 저를 위한 최고의 배려일 것입니다.

저는 이문세의 노래와 쇼팽의 피아노곡을 사랑하며, 아침에 여유한 아메리카노 한 잔을 즐기는 사람이었습니다. 제가 돌봄이 필요한 상태가 되어도 노래를 들으며 커피를 마실수 있도록 해주세요. 만약 제가 이를 더는 좋아하지 않게 된다면, 아마 심각한 인지장애일 가능성이 크니, 그럼 시설의 방침에 따라져도 됩니다.

의식이 희미해지고 이별의 순간이 다가올때, 또는 제가 돌아올 수 없는 말기의 상태라면 현재 법률에 근거하여 심폐소생술, 혈액투석, 항암제 투여, 인공호흡기 착용, 체외생명유지술, 수혈, 혈압 상승제 등 모든 연명치료를 중단해 주십시오. 만약 콧줄을 이용해 영양을 공급해야만 한다면 중단해 주십시오.
제가 원합니다. 다만 통증없이 평안히 갈수 있도록 마약성 진통제를 충분히 투여해주세요.

장례식에 대한 부탁

제가 세상을 떠난다면, 결혼식 때 입었던 양복과 구두를
신겨 가장 간소한 나무 관에 화장해주십시오. 부모님 산소 옆에
저를 묻어주리. 제 뜻과는 아내가 동의한다면 함께 할 수
있기를 바랍니다. 장례식은 이틀만 간소하게 치뤄주세요.
많은 사람을 초대하지 않아도 괜찮지만, 동생들은 꼭 제
마지막을 보러 왔으면 좋겠습니다. 초대하고 싶은 분들은
따로 명단을 남깁니다.

장례식에서는 루이 암스트롱의 「What a Wonderful World」를
잔잔히 틀어주세요. 이 노래를 참 좋아합니다.
조문객들에게는 아들이 원하는 음식을 대접해주시면 됩니다.
만약 술을 원하시는 분이 있으면 화이트 와인을 준비해주세요.
너무 슬퍼하지 않고 고요하고 아름다운 시간을 보낼 수
있기를 바랍니다.

남겨진 가족들에게

제가 떠난 뒤에는 아내가 상실감에 빠져 우울해하지
않도록 아들이 곁에서 잘 보살펴주기를 바랍니다.
장례식이 끝난 후에는 하루빨리 일상으로 돌아가 슬픔을
극복했으면 좋겠습니다. 입맛이 없어도 끼니는 거르지 말고,
가끔은 슬픔이 밀려오더라도 울고 난 뒤 다시 삶의 소중함을
느끼며 살아가길 바랍니다. 그 과정에서 죄책감은 절대
느끼지 않길 바랍니다.

저는 일평생 행복하고 원없이 살다 가는 것 같아 너무 크게
슬퍼하지 않았으면 좋겠습니다. 그리고 무엇이나 그리운 어머니와
아버지를 (신이 계셔서) 볼수 있으면 정말 좋겠습니다.
마음속 깊이 진심으로 그립고 보고 싶었습니다. 나중에
우리도 (어쩌면) 다시 만나겠지요.
저 위에서 기다리겠습니다. 즐겁게 살다 오세요.

마지막으로, 슬픔에 머물기 보다는 평소 하지 않던
새로운 일에 도전하며 삶을 풍요롭게 채워가길 바랍니다.
당신들의 행복한 웃음이 저에게 가장 큰 위안이 될 것입니다.
남은 삶을 사랑하며 최선을 다해 살아주세요.

참, 제 재산은 따로 준비해둔 법적 유서를 보면 됩니다.
아들은 어머니를 잘 위로해주고 죽을때까지 마음과 건강을
살펴주시기를 다시 한번 당부합니다.

사랑하고, 언제나 함께 했던

남편, 아버지. 할아버지

유 성호   드림.

글을 쓰면서 오히려 차분해진다. 또 여러 번 읽으면서 더 사랑하고, 더 열심히 살아야겠다는 삶의 의지를 다지게 된다. 그것만으로도 글을 쓸 이유는 충분하다. 그러니 한 번쯤은 자신만의 유언을 미리 써보기를 권한다.

글을 쓰는 시간은 삶의 새로운 활력소가 될 수 있고, 마음을 다잡게 하는 계기가 되어준다. 그리고 때로는 잊었던 얼굴이, 때로는 사랑한 얼굴이, 때로는 고마운 얼굴이 내가 남긴 글에서 오고 가는 모습은 헤아릴 수 없는 경험 어린 위로를 안겨준다.

나에게 유언은

삶을 향한 새로운 다짐이다

나는 일 년에 한 번 유언을 쓴다. 그때마다 지금까지 살아온 삶을 정리하면서 현재 나의 위치를 스스로 알아차리게 된다. 나 자신을 객관적으로 인식하고 앞으로의 삶을 계속 나아갈 수 있는 힘을 얻는다. 유언은 내게 삶을 향한 다짐이다.

법의학자로서 다양한 죽음을 마주하기 때문에 필연적으로 '죽음'이라는 프레임으로 늘 세상을 들여다보게 된다. '죽음'을 일상의 관점에서 자연스럽게 꺼내면 사람들은 비관주의나 허무주의에 관한 이야기로 종종 오해하곤 한다. 하지만 죽음을 제대로 직시하면 삶의 태도가 바뀐다. 죽음은 유한한 시간을 인식하게 해주며 삶의 우선순위와 소중한 가치를 깨닫게 해주기 때문이다. 오히려 비관주의나 허무주의의 대척점에서 삶을 바라볼 수 있다.

죽음을 삶의 일부로 받아들일 때 얻게 되는 가장 큰 선물은 삶의 진정한 우선순위를 발견하는 것이다. 무엇이 진짜 중요한지, 무엇을 위해 시간을 써야 하는지, 누구와 어떻게 연결되어야 하는지에 대해 명확한 통찰을 제공한다. 삶이 끝날 것임을 알기에 우리는 더 진지하게 삶을 고민하고 더욱 의미 있는 결정을 내릴 수 있다.

또한 죽음은 삶의 불완전성을 받아들이는 법을 가르쳐준다. 내 뜻대로 되지 않는 일, 이루지 못한 꿈, 헤어져야 하는 사람들을 받아들이는 과정을 통해 삶의 복잡한 감정과 화해하고, 그 속에서 나름의 평화를 찾게 된다.

죽음을 통해 배운 가치는 결국 사랑으로 귀결된다. 사랑했던 이와의 관계, 남긴 기록, 함께한 시간은 삶이 끝난 뒤에도 이어지는 유산이 된다. 그래서 죽음은 단지 삶의 끝이 아니라 우리가 어떻게 살아야 하는지 알려주고, 삶의 진정한 가치를 일깨워주는 선생님과 같다. 그것이 우리가 죽음에 대해서 배워야 하는 이유다.

—❖—

행복한 삶의 마무리를 위해 가장 중요한 조건은 자신의 삶에 대한 주도적인 태도이다. 삶을 어떻게 살아왔든, 마지막 순간은 우리가 그간의 여정을 정리하고 사람들과 연결되며, 스스로 만족할 수 있는 마무리를 지을 기회이다. 이를 위해 필요한 몇 가지 조건이 있다.

첫째, 준비된 마음과 계획이 필요하다. 죽음을 맞이하기 전 자신의 의사를 명확히 정리하고, 주변 사람들에게 이를 공유하자. 사전연명의료의향서, 장기기증 서약, 자산 정리, 그리고 유언 작성을 통해 자신이 원하는 방식으로 삶을 마무리할 수 있도록 준비하는 것은 자기 자신만을 위한 일이 아니다. 사랑하는 이들에게 명확한 가이드라인을 제공해 남겨진 사람들이 상실감과 죄책감에서 벗어날 수 있도록 돕는 것이기 때문이다.

둘째, 삶을 충실히 사는 자세가 요구된다. 삶을 진심으로 살며 사랑하고, 감사하자. 매 순간을 의미 있게 보내는 것이 행복한 마무리의 가장 기본적인 토대이다. 결국, 삶의 마무리는 살아온 방식과 맞닿아 있다. 우리가 죽음을 앞둔 순간에 가장 후회하는 것은 사랑하지 않은 시간, 연결되지 않은 관계, 미루어 둔 감사일 것이다. 행복한 마무리를 위해, 지금 이 순간에 충실해야 한다.

셋째, 죽음 자체를 자연스럽게 받아들이자. 죽음을 피하거나 두려워하기보다는 삶의 자연스러운 일부로 받아들일 필요가 있다. 죽음을 삶의 적으로 여기지 않고, 함께 살아가는 동반자로 여길 때 우리는 삶을 더 깊이 이해할 수 있다. 삶의 일부로서 언젠가 죽음을 맞이하게 된다는 사실을 인식하고, 이를 가족이나 친구와 자연스럽게 이야기할 수 있어야 한다.

결국 죽음을 배우고 준비한다는 것은 종말에 대한 두려움을 극복하는 것이 아니다. 우리가 어떻게 살 것인지, 누구와 연결될 것인지, 그리고 무엇을 남길 것인지에 대한 질문이다. 죽음을 긍정적으로 수용하고 이를 통해 삶의 가치를 재발견한다면, 지금보다 더 충만하고 행복한 삶을 살 수 있을 것이다.

많은 이들이 삶과 죽음을 바라보는 시선이 더욱 깊어지고 넓어지길 바라는 마음으로 이 책을 썼다. 개인적으로는 이 책을 집필하며 사랑하는 어머니와의 아름다운 이별을 비로소 받아들일 수 있었다.

독자들이 이 책을 통해 죽음을 두려움의 대상이 아닌 이해의 대상으로 바라볼 수 있기를, 삶의 소중함을 되새기고 현재에 감사하는 마음을 가질 수 있기를 바란다. 또한, 사전연명의료의향서나 장례 계획과 같은 실질적인 준비를 통해 죽음을 대비하고, 삶의 마지막 순간을 성찰하며 사랑하는 이들과 더욱 깊이 연결될 수 있기를 희망한다. 무엇보다도, 이 과정 속에서 스스로를 더 깊이 이해할 수 있기를 바란다.

결국, 죽음을 배우고 준비하는 일은 더 나은 삶을 살아가는 법을 익히는 과정이다. 죽음을 마주하는 담담한 용기와 삶에 대한 애정과 감사가 가득할 때, 인생의 마지막 페이지를 준비하는 일이 보다 자연스럽고 의미 있게 다가올 것이다. 이 책이 그러한 여정에 작은 이정표가 될 수 있다면 더할 나위 없이 기쁘겠다.

더 나은 내일을 위한 Q/A

가까운 이와의 준비 없는 이별을 경험해본 적 있는가? 최대한 미루고 싶고 꺼려지는 질문일 것이다. 죽음은 누구에게나 찾아오지만, 그 준비는 늘 뒤로 미뤄지곤 한다. 아직은 내 일이 아니라는 생각, 너무 이른 고민이라는 막연한 거리감도 있을 수 있다. 하지만 삶의 마지막을 준비하는 일은 단순히 죽음을 준비하는 것이 아니라, 지금을 더욱 충실히 살아가기 위한 과정이 될 수 있다.

어떤 방식으로 죽음을 맞이할 것인지 생각해보고, 남겨진 이들에게 전할 말을 정리해보며, 내가 떠난 후 남겨질 것들을 정돈해보는 이 모든 것이 나를 돌아보는 일이자, 사랑하는 사람들에게 남길 마지막 배려가 된다. 그리고 막상 시작해보면, 죽음을 준비하는 일이 생각보다 특별한 경험이 될 수도 있다.

이 부록에는 연명의료결정제도, 존엄사, 장기기증, 유족연금, 상속재산 등 현실적인 정보들을 정리했다. 복잡하고 어려운 이야기처럼 보일 수 있지만, 한 번쯤 읽어두는 것만으로도 삶을 대하는 태도가 달라질 것이다.

Q. 연명의료결정제도는 무엇인가요?

    2016년 2월 「호스피스·완화의료 및 임종과정에 있는 환자의 연명의료결정에 관한 법률」(이하 '연명의료결정법')이 제정되었고, 이 법에 따라 연명의료결정제도가 2018년 2월 4일부터 시행되고 있다. 연명의료결정법은 임종기를 맞이했을 때 환자의 자기결정권을 존중해 치료 여부를 결정할 수 있도록 하는 것과 그것이 환자의 최선의 이익을 보장하는지 살피는 것을 목적으로 한다.

    임종 과정에 있는 환자는 회생의 가능성이 없고, 치료에도 불구하고 회복되지 않으며, 급속도로 증상이 악화되어 사망에 임박한 상태로 담당 의사와 해당 분야의 전문의 1명이 판단한 환자를 말한다. 임종기라는 판단을 받기 전까지는 적극적 치료를 받을 책임과 권리가 있다.

Q. 존엄사는 무엇인가요?

    존엄사란 인간으로서의 존엄성과 가치, 품위를 지키며 삶을 마무리하는 것을 말한다. 말기 환자와 같이 치료로 더 이상의 회복 가능성이 없고, 고통만 계속되는 상황에서 인위적인 연명 치료를 중단하여 자연스럽게 죽음을 맞이하는 것이다. 환자 스스로가 인간으로서의 존엄과 가치를 유지하며 생을 마감할 수 있도록 돕기 위한 선택이기도 하다.

Q. 장기기증은 무엇인가요?

타인의 장기 기능 회복을 위하여 대가 없이 자신의 장기를 제공하는 것을 말한다. 살아 있는 사람은 장기 중 신장(정상인 것 2개 중 1개) 및 간장·골수·췌장·췌도·소장의 일부를 기증할 수 있으며, 뇌사자는 골수를 제외한 장기를, 사망자는 안구를 기증할 수 있다.

Q. 기증 관련 정보는 어디서 찾을 수 있나요?

① 국립장기조직혈액관리원 www.konos.go.kr
② 사랑의장기기증운동본부 www.donor.or.kr

③ 생명나눔실천본부 www.lisa.or.kr

④ 한국장기조직기증원 www.koda1458.kr

Q. 간병보험과 노인장기요양보험의 차이점은 무엇인가요?

간병보험은 나이가 들거나 사고·질병으로 인해 스스로 몸을 돌보기 어려운 상황에 처했을 때, 간병 서비스나 이에 필요한 비용을 보장받을 수 있는 보험 상품이다. 노인성 질환, 중증 질병 등 장기간 간병이 필요할 때 도움이 되며, 예상치 못한 상황에서 가족의 경제적 부담을 덜어준다. 요양시설 비용, 간병인 고용 비용 등 종류에 따라 그 범위를 보장받을 수 있다.

노인장기요양보험은 정부가 운영하는 사회보험이다. 주로 65세 이상의 노인이나 노인성 질환을 겪는 이들에게 장기 요양 서비스를 제공하는 것이 목적이다. 요양보험은 공적 기준에 따라 요양 등급을 받은 사람들에게 혜택이 주어지며, 그에 따라 요양 서비스나 시설 입소 비용 등을 지원받을 수 있다. 정부 주도하에 운영되는 보험으로, 건강보험에 가입되어 있으면 자동으로 받을 수 있는 혜택이다.

유족연금이란 국민연금 가입자나 가입자였던 자 또는 연금을 지급 받던 사람이 사망할 경우, 그에 의해 생계를 유지하던 유족에게 급여를 지급하여 안정된 삶을 살아갈 수 있도록 지급되는 급여이다.

수급 요건	1. 노령연금 수급권자 2. 가입기간이 10년 이상인 가입자 또는 가입자였던 자 3. 연금보험료를 낸 기간이 가입대상기간의 3분의 1 이상인 가입자 또는 가입자였던 자 4. 사망일 5년 전부터 사망일까지의 기간 중 연금보험료를 낸 기간이 3년 이상인 가입자 또는 가입자였던 자(단, 3년 이상 체납기간이 없을 것) 5. 장애등급이 2급 이상인 장애연금 수급권자
유족 범위	'배우자 → 자녀 → 부모 → 손자녀 → 조부모'의 순으로 가입자 또는 가입자였던 자가 사망할 당시 그에 의하여 생계를 유지하는 자 다만, 자녀는 25세 미만이거나 장애등급 2급 이상, 장애인복지법상 장애의 정도가 심한 장애인인 경우, 손자녀는 19세 미만이거나 장애등급 2급 이상, 장애인복지법상 장애의 정도가 심한 장애인인 경우, 부모와 조부모는 수급연령(현재 63세) 이상이거나 장애등급 2급 이상, 장애인복지법상 장애의 정도가 심한 장애인인 경우
급여 수준	사망자의 가입기간에 따라 기본연금액의 40　60% 지급 *10년 미만: 기본연금액 40% + 부양가족연금액, 10년 이상 20년 미만: 기본연금액 50%+부양가족연금액, 20년 이상: 기본연금액 60% +부양가족연금액

상속이란 고인의 재산을 법적으로 승계하는 것을 말한다. 상속재산은 상속인에게 이익이 되는 적극재산뿐 아니라, 채무와 같은 소극재산도 포함된다. 적극재산은 상속인에게 이익이 되는 물권, 채권, 물건 등의 상속재산을 말하며, 소극재산은 채무를 말한다.

구분	상속재산
적극재산	동산·부동산 등의 물건(物件)
	물건에 대한 소유권, 점유권, 지상권, 지역권, 전세권, 유치권, 질권, 저당권 등의 물권(物權)
	특정인이 다른 특정인에 대해 일정한 행위를 요구하는 권리인 채권(債權) – 생명침해에 대한 손해배상청구권 – 위자료청구권 – 이혼에 의한 재산분할청구권 – 주식회사의 주주권 – 유한회사의 사원의 지분 – 합자회사의 유한책임사원의 지위
	특허권·실용신안권·의장권·상표권·저작물에 관한 권리 등의 무체재산권(無體財産權)
소극재산	일반채무 조세

Q. 상속인을 특정하지 않을 경우, 어떻게 진행되나요?

상속은 1순위로 피상속인의 직계비속·배우자, 2순위로 피상속인의 직계존속·배우자, 3순위로 피상속인의 형제자매, 4순위로 피상속인의 4촌 이내의 방계혈족의 순서로 이루어진다.

순위	상속인	비고
1	배우자 피상속인의 직계비속 (자녀, 손자녀 등)	항상 상속인이 됨
2	배우자 피상속인의 직계존속 (부·모, 조부모 등)	피상속인의 직계존속은 직계비속이 없는 경우 상속인이 됨
3	피상속인의 형제자매	1, 2순위가 없는 경우 상속인이 됨
4	피상속인의 4촌 이내의 방계혈족 (삼촌, 고모, 이모 등)	1, 2, 3순위가 없는 경우 상속인이 됨

Q. 대출금도 상속의 대상인가요?

유족은 고인의 재산을 상속받는 동시에 고인의 채무도 상속

받게 된다. 따라서 상속이 개시되면 상속인은 상속채무를 갚아야 할 의무를 지게 된다. 상속되는 채무가 상속재산보다 많아서 상속으로 인해 채무초과 상태가 발생하는 경우에는 상속이 개시되었음을 알았을 때부터 3개월 내에 상속의 포기, 또는 한정승인을 가정법원에 신고함으로써 이를 면할 수 있다.

상속 포기는 고인의 재산과 부채를 모두 포기하는 것이고, 한정승인은 상속인이 상속으로 인해 재산의 한도 내에서 피상속인의 채무 및 유증을 변제하는 조건으로 상속을 승인하는 것을 말한다.

상황	유족의 선택	결과
상속재산 〉 채무	상속	고인의 재산을 상속받아 채무 변제
상속재산 〈 채무	상속 포기	고인의 재산과 채무 모두 포기
상속재산 〈 채무	한정승인	상속 재산 범위 내에서만 채무 변제
사망자 보험 가입	보험금 청구	보험금으로 채무 변제

주

첫 번째 노트 — 죽음을 배우는 시간

슬픔이 지나간 자리에 남는 것

1_임선영. (2013). 「외상적 관계상실로부터 성장에 이르는 과정에 대한 질적 연구」.
한국심리학회지: 상담 및 심리치료, 25(4), pp.745-772

두 번째 노트 — 후회 없는 삶을 위한 준비

좋은 죽음에 대한 새로운 논의들

2_Densen P. Challenges and Opportunities Facing Medical Education. Trans
Am Clin Climatol Assoc. 2011;122:48-58.

생명의 가치와 자기결정권이 충돌할 때

3_Nederlandse Jurisprudentie 1973, no. 183, District Court of Leeuwarden,
21, February 21, 1973; translation in Walter Lagerway, 3 Issues in Law and
Medicine 429, 439-42 (1988). ; "Implications of Mercy," Time, March 5, 1973,
p.70.
4_Hood Bestuur KNMG MC. 1973 : 587-588 ; Grundmann A. Das niederlä

ndische Gesetz über die Prüfung von Lebensbeendigung auf Verlangen und Beihilfe zur Selbsttötung: Aachen, 2004 : 41.

5__In re Quinlan, 355 A. 2d 647 (NJ 1976). Trenton: New Jersey Supreme Court; 1976.

6__Cruzan v. Director, Missouri Dept. of Health, 110 S. Ct. 2841 (1990)

7__Hoshino K. Four newly established legal requisites for active euthanasia in Japan. Med Law. 1996;15(2):291-4. PMID: 8908983.

8__Kai K. Euthanasia and death with dignity in Japanese law. J Int Bioethique. 2010 Dec;21(4):135-47, 166.

9__Gutierrez E. Debate on euthanasia encouraged in Japan. Lancet. 1997 Feb 8;349(9049):409. ; Kai K. Euthanasia and death with dignity in Japanese law. J Int Bioethique. 2010 Dec;21(4):135-47, 166.

10__Ikeda M, Maeda S. History of court cases in Japan related to end-of-life care. Intensivist. 2012;4:17-24.

11__Buiting H, van Delden J, Onwuteaka-Philpsen B, Rietjens J, Rurup M, van Tol D, Gevers J, van der Maas P, van der Heide A. Reporting of euthanasia and physician-assisted suicide in the Netherlands: descriptive study. BMC Med Ethics. 2009 Oct 27;10:18. ; de Haan J. The new Dutch law on euthanasia. Med Law Rev. 2002;10(1):57-75.

12__Adams, M.; Nys, H. (2003). "Comparative reflections on the Belgian Euthanasia Act 2002". Med Law Rev. 11 (3): 353-76.

13__Bill C-7: An Act to amend the Criminal Code (medical assistance in dying)

14__「Canada's medical assistance in dying (MAID)」, https://www.justice.gc.ca/eng/cj-jp/ad-am/bk-di.html

죽음까지 실존적 삶의 한 부분이라면

15__대법원 2004. 6. 24. 선고 2002도995 판결

16__1980년 5월 로마 교황청은 '안락사에 대한 선언(Declaration of Euthanasia)'에 따라 무의미한 연명의료를 중단할 근거가 가톨릭 교리서에 다음과 같이 기재되어 있다. "2279 Discontinuing medical procedures that are burdensome, dangerous, extraordinary, or disproportionate to the expected outcome can be legitimate; it is the refusal of "over-zealous" treatment. Here one does not will to cause death; one's inability to impede it is merely accepted. The decision should be made by the patient if he is competent and able or, if not, by those legally entitled to act for the patients, whose reasonable will and legitimate interests must always be respected."

17__대법원 2009. 5. 21 선고 2009다17417 판결

귀하는 연명의료 중단을 진행하겠습니까?

18__Bae JM, Gong JY, Lee JR, Heo DS, Koh Y. A Survey of Patients Who Were Admitted for Life-Sustaining Therapy in Nationwide Medical Institutions. Korean J Crit Care Med. 2010;25(1):16-20.

19__「오는 2028년까지 호스피스 전문기관 2배·이용률 50%로 확대」, 정부24-보건복지부, 2024년 4월 2일, https://www.gov.kr/portal/ntnadmNews/3837390?utm_source=chatgpt.com

그는 아내를 죽인 것인가 혹은 도운 것인가

20__「[병원뉴스]국민의 76%, 안락사 혹은 의사 조력 자살 입법화에 찬성」, 서울대학교병원, 2022년 5월 24일, http://www.snuh.org/board/B003/view.do?viewType=true&bbs_no=5880

21__유영규, 신용아, 이주원 기자, 「[단독] 국민 81%·의사 50%·국회의원 85% "의사

조력사망 도입 찬성" [금기된 죽음, 안락사③]」, 서울신문, 2023년 7월 12일, https://
www.seoul.co.kr/news/plan/euthanasia-story/2023/07/12/20230712001005

그동안 나는 죽은 이가 남기고 싶었던 이야기를
찾아내야 한다는 사명감으로 죽음과 마주해왔다.

그리고 하나하나 이야기를 찾을 때마다 깨닫는다.

살아갈 날들을 위해,
죽음을 위한 준비가 필요하다는 것을.

후회 없는 죽음이란

곧 후회 없는 삶을 의미한다.

나는 일 년에 한 번 유언을 쓰면서,
지금 당장 해야 할 일들을 떠올린다.

그때마다 유언은 삶을 향한 다짐이 된다.

내 인생에 어울리는
'에필로그'를 상상해보라.

우리는 죽음을 상상할 수 있기에,
더 나은 삶으로 나아갈 수 있다.

KI신서13484

법의학자 유성호의 유언 노트

1판 1쇄 발행 2025년 4월 16일
1판 4쇄 발행 2025년 5월 9일

지은이 유성호
펴낸이 김영곤
펴낸곳 ㈜북이십일 21세기북스

서가명강팀장 강지은 **서가명강팀** 강효원 서윤아
디자인 데일리루틴
마케팅팀 남정한 나은경 한경화 권채영 최유성 전연우
영업팀 한충희 장철용 강경남 황성진 김도연
제작팀 이영민 권경민

출판등록 2000년 5월 6일 제406-2003-061호
주소 (10881) 경기도 파주시 회동길 201 (문발동)
대표전화 031-955-2100 **팩스** 031-955-2151 **이메일** book21@book21.co.kr

---

㈜북이십일 경계를 허무는 콘텐츠 리더

21세기북스 채널에서 도서 정보와 다양한 영상자료, 이벤트를 만나세요!
페이스북 facebook.com/jiinpill21   포스트 post.naver.com/21c_editors
인스타그램 instagram.com/jiinpill21   홈페이지 www.book21.com
유튜브 youtube.com/book21pub
서울대 가지 않아도 들을 수 있는 명강의! 〈서가명강〉
유튜브, 네이버, 팟캐스트에서 '서가명강'을 검색해보세요!

'서가명강' 시리즈가 궁금하다면 큐알(QR) 코드를 스캔하세요.

서가명강 서울대 가지 않아도 들을 수 있는 명강의

'서가명강'은 대한민국 최고 명문 대학인 서울대학교 교수님들의 강의를 엮은 도서 브랜드로,
다양한 분야의 기초 학문과 젊고 혁신적인 주제의 인문학 콘텐츠를 담아 시리즈로 발간하고 있습니다.